Klett Lektürehilfen

Max Frisch

Homo faber

Für Oberstufe und Abitur

von
Manfred Eisenbeis

Klett Lerntraining

Manfred Eisenbeis, langjähriger Gymnasiallehrer für das Fach Deutsch im Saarland. Viele Jahre Fachleiter für Deutsch am Studienseminar Saarbrücken und Direktor eines Saarbrücker Gymnasiums.

Alle Seitenangaben zum Text des Romans beziehen sich auf die Ausgabe: Max Frisch, *Homo faber*, mit einem Kommentar von Walter Schmitz, Frankfurt a. M.: Suhrkamp, 1998 (Suhrkamp BasisBibliothek 3).

Bibliografische Information der Deutschen Nationalbibliothek
Die Deutsche Nationalbibliothek verzeichnet diese Publikation in der Deutschen Nationalbibliografie; detaillierte bibliografische Daten sind im Internet über http://dnb.dnb.de abrufbar.

Dieses Werk folgt der reformierten Rechtschreibung und Zeichensetzung. Ausnahmen bilden Texte, bei denen künstlerische, philologische oder lizenzrechtliche Gründe einer Änderung entgegenstehen.

1. Auflage 2017

www.klett-lerntraining.de
Umschlagfoto: dpa Picture-Alliance (akg-images), Frankfurt/M.
Kapitel Schnellcheck: Klett Lerntraining, Stuttgart
Teamleitung Sekundarstufe II: Christine Sämann
Satz: DOPPELPUNKT, Stuttgart
Druck: Medienhaus Plump, Rheinbreitbach
Printed in Germany
ISBN 978-3-12-923119-7

1 Inhaltsangabe und erste Deutungsaspekte

Aufbau und Inhalt . . . 7

Die „Geschichte“ . . . 7
Aufbau . . . 9
Gang der Handlung . . . 10

2 Analyse und Interpretation

Zeitstruktur und Erzählperspektive . . . 34

Zeitverhältnisse und Erzählweise . . . 34
Erzählperspektive und Rolle des Lesers . . . 43
Textsorten . . . 48

Die Bildnis-Problematik als Thema des Romans . . . 51

Rolle, Bildnis, Identität . . . 51
Fabers Bildnis von sich und der Welt . . . 53
Risse in Fabers Selbst- und Weltbild . . . 61
Fabers Krise und Neuorientierung . . . 71
Bildnis und Schuld . . . 79

Sprache und Stil . . . 82

Rollensprache . . . 82
Sprache der Verdrängung . . . 84
Sprache des Gefühls . . . 86

Motive und Symbole . . . 88

Der Romananfang . . . 89
Leitworte und Motive . . . 92
Motive der Selbstentfremdung, der Selbstbegegnung und des Todes . . . 93
Symbolik der Schauplätze . . . 95
Mythologische Bezüge . . . 96

Zeitbezug und Interpretationsansätze . . . 99

Beziehung zu Zeit und Gesellschaft der 1950er-Jahre . . . 99
Der Autor über seinen Roman . . . 102
Interpretationsansätze . . . 104

3 Schnellcheck

Übersicht 1: Erste Station – Aufbau und Erzählerfigur 112
Übersicht 2: Zweite Station – Aufbau und Erzählerfigur 113
Übersicht 3: Der distanzierte Leser 114
Übersicht 4: Bildnisproblematik 115
Übersicht 5: Fabers Selbstbild und sein Frauenbild 116
Übersicht 6: Fabers Weltbild 117
Übersicht 7: Fabers Verhältnis zur Natur 118
Übersicht 8: Leitwörter und Motive 119

4 Prüfungsaufgaben und Lösungen

1. Fabers altes Selbst- und Weltbild 122
2. Fabers Beziehung zu Hanna Landsberg 125
3. Fabers Beziehung zu Sabeth. 129
4. Der Cuba-Aufenthalt 132
5. Die Schuldproblematik 135
6. Die Bedeutung von Erzählweise und Erzählmerkmalen 137
7. Textanalyse 140
8. Literarische Erörterung 144

Literaturhinweise 149
Stichwortverzeichnis 152

Bemerkungen zum Roman

Von Max Frischs Werken ist der Roman „Homo faber" eines der bekanntesten, nicht zuletzt durch seine erfolgreiche Etablierung als Schullektüre.

Die erste Buchausgabe des Romans erschien am 30.9.1957, vier Tage vor dem Start des ersten Weltraumsatelliten Sputnik in der ehemaligen UdSSR. Diese Parallele macht deutlich, dass Frisch mit Wahl und Behandlung seines Stoffes nicht nur zeitgemäß, sondern seiner Zeit voraus war: Er kritisiert den Typ des Homo faber, der in der durch den Sputnik-Schock ausgelösten Zeit hektischer technologischer Entwicklung als Leitbild für zweckrationales Rollenverhalten galt.

Kritik am Typ des rein technisch eingestellten Menschen

Der Roman fand infolge dieser Thematik schnell große Verbreitung, auch im Ausland. Im deutschsprachigen Raum wurden bis jetzt weit mehr als eine Million Exemplare verkauft.

Heute, über 50 Jahre nach dem Erscheinen des Romans, erkennt man, wie sehr die zeitgeschichtliche Entwicklung den Konflikt des Homo faber bestätigt und zugespitzt hat: „Als der ‚Homo faber' erschien, dachte kein Mensch ernsthaft an Umweltschutz, an Ökologie, an Energieressourcen, die infolge planlos-planmäßiger ‚Ausnutzung' zu Ende gehen könnten. Heute sehen wir ein, daß wir zwar auf die produktiven Künste des Homo faber angewiesen sind wie nie zuvor – aber auch sein Zerstörerisches hat sich [...] brutal enthüllt." (Joachim Kaiser, zit. nach: Reinhold Viehoff, „Max Frisch für die Schule", in: *Der Deutschunterricht*, H. 6, 1984, S. 82)

Umwelt-problematik

Neben der Thematik Natur–Mensch–Technik ist auch die mit ihr im Roman verbundene Identitätsproblematik oder, wie Frisch es sagt, die des „Bildnisses", d.h. der Rollenbefangenheit des Menschen, heute nach wie vor gültig. Mit dieser Problematik beschäftigte sich Frisch sein Leben lang und gestaltete sie auch in seinen Romanen „Stiller" (1954) und „Mein Name sei Gantenbein" (1964) sowie in seinem Drama „Andorra" (1961).

Identitäts-problematik

Um die Gestaltung dieser Problembereiche zu erkennen, ist es notwendig, den Roman, der wegen seines relativ geringen Umfangs, seiner verständlichen, oft „saloppen" Sprache und seiner Zeitbezogenheit „leicht" zu lesen zu sein scheint, „genau" zu lesen. Dazu gehört, dass seine

Notwendigkeit „genaues" Lesen

Besonderheit als „Rollenroman“ beachtet, seine differenzierte Struktur untersucht, das Verhalten des Erzählers kritisch beleuchtet, die Doppelbödigkeit der Sprache und das dichte Netz von Motiv- und Symbolbezügen transparent gemacht werden muss. Die folgenden Ausführungen sollen zu diesem „genauen“ Lesen eine Hilfe sein.

1 Inhaltsangabe und erste Deutungsaspekte

Aufbau und Inhalt

Die „Geschichte“

Führt man die auf der Ebene des Textes geschilderten Ereignisse auf die Ebene der chronologisch geordneten „Geschichte“ zurück, so lassen sich eine Vorgeschichte und eine Haupthandlung unterscheiden.

Vorgeschichte

Die Vorgeschichte ist aus den verschiedenen Einschüben in die Haupthandlung rekonstruierbar und spielt in der Zeit von 1933 bis 1956. Sie enthält den Schlüssel zum Verhalten der Mittelpunktsfigur des Romans, des 50-jährigen Schweizer Ingenieurs Walter Faber, während des Hauptgeschehens im Jahre 1957.

Beziehung Fabers zu Hanna

Walter Faber ist in den Jahren 1933–35 Assistent an der Eidgenössischen Technischen Hochschule in Zürich. Er lernt die Kunststudentin Hanna Landsberg aus München kennen, eine Halbjüdin, und versteht sich gut mit ihr. Als Faber ein Angebot von einer Firma aus Bagdad erhält, eröffnet ihm Hanna, sie erwarte ein Kind. Er reagiert sehr zurückhaltend. Deshalb weigert sich Hanna kurz vor der standesamtlichen Trauung, in die Heirat einzuwilligen. Faber und Hanna vereinbaren eine Schwangerschaftsunterbrechung.

Heirat Hannas mit Joachim

Faber reist 1936 allein nach Bagdad, und zwar in dem Bewusstsein, dass das Kind abgetrieben wird. Hanna ändert jedoch ihren Entschluss, heiratet Fabers Freund Joachim und schenkt ihrer Tochter Elisabeth das Leben. Kurze Zeit später (ca. 1937) wird die Ehe geschieden. Hanna arbeitet zunächst in Paris bei einem Verlag (1938), dann flieht sie nach dem Einmarsch der Deutschen (ca. 1941) nach England. Nach dem Krieg heiratet sie Piper, einen deutschen Kommunisten, lässt sich jedoch 1953 wieder scheiden und geht mit ihrer Tochter nach Athen, wo sie wissenschaftliche Mitarbeiterin an einem archäologischen Institut wird. Ihre Tochter, von ihr Elsbeth genannt, erhält 1956 ein Jahresstipendium an der Yale-Universität (USA).

Über sein eigenes Leben in dieser Zeit erzählt Faber nichts. Der Leser erfährt nur, dass er seit 1956 in New York lebt und als Ingenieur für die UNESCO tätig ist.

Hauptgeschichte

Diese Informationen sind schubweise in die Haupthandlung, die eigentliche „Geschichte", eingebaut. Diese hebt sich als ein im großen Ganzen chronologisch geordneter Erzählstrang deutlich ab, wenn sie auch immer wieder durch erzähltechnisch bedingte zeitliche Umstellungen, durch die erwähnten Rückblenden und durch Vorausdeutungen unterbrochen wird.

Ich-Erzählung

Bei dieser „Geschichte" handelt es sich um eine Ich-Erzählung: Walter Faber berichtet und kommentiert als Ich-Erzähler rückblickend die merkwürdige Verkettung von Ereignissen in den letzten fünf Monaten, in denen sein in der Vorgeschichte beschriebener Lebensabschnitt weiterwirkt:

Ereignisse

- Er lernt auf einer Flugreise den Bruder seines Jugendfreundes Joachim kennen und erhält von ihm während einer Notlandung in der Wüste Informationen über Joachim und Hanna.
- Er unternimmt mit Joachims Bruder eine Suchexpedition nach dem im Dschungel verschollenen Joachim und findet dessen Leiche.
- Er macht auf einer Schiffsreise nach Europa die Bekanntschaft einer Studentin namens Sabeth. Es ent-wickelt sich eine enge Bindung, die mit dem tödlichen Unfall des Mädchens endet. Sabeth ist, wie sich schrittweise enthüllt, Fabers Tochter.
- Er begegnet nach Sabeths Unfall Sabeths Mutter, seiner Jugendfreundin Hanna.

Krankheit

Während dieser fünf Monate ist Faber ständig bemüht, zunehmende Magenschmerzen zu verdrängen, doch am Ende muss er sich einer Operation unterziehen und stirbt.

Aufbau

Der Roman ist äußerlich in zwei „Stationen“ gegliedert. Die Binnengliederung erfolgt nach Schauplätzen und Handlungsepisoden.

„Erste Station“ (7–174): Reisen in Amerika und Europa

I Die Reisen in Amerika (7–75)

Schauplätze:	New York, Mexiko, Guatemala, New York
Episoden:	1. Start, Flug, Notlandung (7–23) 2. Aufenthalt in der Wüste (23–35) 3. Dschungelreise zur Plantage (35–61) 4. Ivy und New York (62–75)
Thematik:	Gegensatz Mann/Technik – Frau/Natur
Ergebnis:	Tod Joachims, Trennung von Ivy

II Die Schiffsreise nach Europa (75–104)

Schauplatz:	Schiff
Episode:	Begegnung mit Sabeth
Thematik:	Gegensatz Mann/Technik – Frau/Kunst Liebe und Eifersucht
Ergebnis:	Abschied von Sabeth

III Die Reisen in Europa (104–174)

Schauplätze:	Frankreich, Italien, Griechenland
Episoden:	1. Aufenthalt in Paris (104–116) 2. Autoreise durch Frankreich und Italien (116–135) 3. Die Reise in Griechenland (135–174)
Thematik:	Gegensatz Technik – Kunst Liebe und Tod
Ergebnis:	Tod Sabeths

„Zweite Station“ (175–220): Erneute Reisen in Amerika und Europa, Aufenthalt in Athen

I Das Reisetagebuch (175–215)

Schauplätze:	New York, Caracas, Guatemala, Cuba, Düsseldorf, Paris, Zürich, Athen
Episoden:	– Desorientierung in New York (175–179) – Zweite Reise nach Caracas und zweiter Besuch auf der Plantage (179–187) – Aufenthalt in Cuba, Amerikakritik (187–189)

- Erinnerung an Sabeth in Düsseldorf (201–208)
- Flug über die Alpen (211–215)

II Das Krankenhaustagebuch (175–220)

Schauplatz:	Krankenhaus in Athen
Inhalt:	Gedanken Fabers über seine Krankheit, über Hannas Verhalten ihm gegenüber, über ihre Vergangenheit; Gespräche mit Hanna über sich selbst und Sabeth
Thematik:	Innerer und äußerer Zusammenbruch, Versuch einer Neuorientierung
Ergebnis:	Tod (?)

Gang der Handlung

KURZINFO

Der Ich-Erzähler, der Ingenieur Walter Faber, berichtet, wie

- er nach der Trennung von seiner Freundin Ivy mit dem Flugzeug von New York aus zu einer Dienstreise nach Caracas startet, das Flugzeug aber wegen Motorschadens in der Wüste notlanden muss,
- ihm bei diesem Aufenthalt Erinnerungen an seine Vergangenheit und eine frühere Beziehung zu Hanna Landsberg, einer Studentin, kommen und er sich Gedanken über seinen Beruf als Techniker macht,
- er nach seiner Rettung mit seinem Sitznachbarn Herbert Hencke ungeplant eine Dschungelreise unternimmt, um dessen Bruder, seinen Jugendfreund Joachim, auf dessen Plantage zu besuchen, den er aber tot vorfindet,
- er nach kurzem Aufenthalt am Ziel seiner Dienstreise zurück nach New York fliegt und eine Schiffsreise nach Europa unternimmt, um sich von seiner Freundin endgültig zu trennen.

„Erste Station“: Die Reisen in Amerika (7–75)

1. Abflug von New York, Zwischenlandung, Notlandung (7–23)

Abflug in New York

Der Bericht der „ersten Station“ beginnt damit, dass Walter Faber erzählt, wie er nach der Verabschiedung von seiner amerikanischen Freundin Ivy von New York aus zu einer Dienstreise nach Caracas startet. Der Start kann wegen ungünstiger Witterungsverhältnisse (Schneesturm) nur mit Verspätung stattfinden. Ein junger Deutscher sucht aufdringlich Kontakt zu ihm. Faber kann ihn jedoch erst bei der Zwischenlandung in Houston einordnen: Er erinnert ihn an seinen Jugendfreund Joachim.

In der Toilette des Flughafens wird Faber ohnmächtig, beruhigt sich aber damit, es sei nichts Ernstliches. Dann entschließt er sich, aus dem „Üblichen" einer Dienstreise auszubrechen. Er will nicht mehr weiterfliegen, reagiert nicht auf den Aufruf des Lautsprechers und versteckt sich. Aber er täuscht sich über den Abflug seiner Maschine, die Stewardess findet ihn und bringt ihn zum Flugzeug. Er entschuldigt sich damit, seine „Uhr sei stehen geblieben" (15).

Ausbruchsversuch Fabers

Faber hatte schon vor der Zwischenlandung Magenschmerzen. Als diese jetzt abklingen, findet er seinen Reisebegleiter etwas sympathischer und erfährt von ihm beim Überfliegen des Golfs von Mexiko, dass dessen Bruder auf einer Plantage in Guatemala tätig ist, die von Mexiko aus zu erreichen sei. Faber fällt in einen unruhigen Schlaf. Träume aus der Vergangenheit steigen auf. Beim Aufwachen ist er dann „erleichtert, geradezu vergnügt" (17), als er feststellt, dass seine Zähne nicht, wie er geträumt hat, ausgefallen sind. Faber erfährt von der Stewardess, dass ein Motor des Flugzeugs versagt, und beruhigt sich: „Unsere Maschine ist sogar imstande, mit zwei Motoren zu fliegen." (17) Als dann aber noch der zweite Motor aussetzt, ist die Notlandung in der Wüste nicht mehr zu vermeiden. Faber bleibt anfangs ruhig, verliert jedoch im entscheidenden Augenblick die Nerven, „so daß die Notlandung [...] nichts als ein blinder Schlag war, Sturz vornüber in die Bewußtlosigkeit" (22). Als er wieder zu sich kommt, besinnt er sich jedoch rasch wieder auf seine Rolle und stellt fest: „Zeit: 11.05 Uhr" (23).

Magenschmerzen

Der Reisebegleiter

Träume

Ausfall der Motoren

Notlandung in der Wüste

Faber beschreibt, sich erinnernd, Ereignisse, Gedanken und Gefühle, die ihm später zum Schicksal werden. Die Natur wird als bedrohende Macht erlebt, der Glaube an die Technik erhält erste Risse, lästige Gedanken an die Vergangenheit lassen sich nicht unterdrücken, Unsicherheit und Lebensangst sowie unbewusste Todesahnung werden spürbar.

Die Ausgangssituation, der Flug ab New York über die Zwischenlandung in Houston bis zur Notlandung in der Wüste, hat vom Gesamtgeschehen her gesehen, die Funktion einer Exposition. Für den Leser hat sie, wie er jedoch erst rückblickend erkennt, vorausdeutende Funktion; für den zurückschauenden und berichtenden Walter Faber ist sie von symbolischer Bedeutung.

Bedeutung der Ausgangssituation: Exposition und Vorausdeutung

2. In der Wüste (23 – 35)

Reflexion über Zufall und Schicksal

Im nächsten Handlungsabschnitt berichtet Faber relativ ausführlich über den Zwangsaufenthalt in der Wüste bis zur Rettung. Er leitet den Bericht über diese Phase durch eine Reflexion über Zufall und Fügung ein. Deutlich wird, dass in Fabers wissenschaftlich-technischem Weltbild Begriffe wie Schicksal und Fügung nicht existieren; für ihn gelten nur Zufall und Wahrscheinlichkeit.

Wendungen wie „ich gebe zu" und „ich bestreite nicht" (23) lassen erkennen, dass er sich in die Rolle des Angeklagten einfühlt. Den unleugbaren Zusammenhang zwischen Notlandung, näherer Bekanntschaft mit Herbert Hencke, Informationen über dessen Bruder Joachim und Hanna, dessen Frau und Fabers Jugendfreundin, lässt er nicht als Fügung, nur als Zufall gelten. Der Name Sabeth fällt, ohne dass der Leser zu diesem Zeitpunkt mehr erfährt, als dass sie „ohne diese Notlandung" (23) vielleicht noch leben würde. Er wird neugierig und kann vermuten, dass ihr Tod mit Fabers Verhalten im Zusammenhang stehen muss. Die Zusammenhänge bleiben aber noch im Dunkeln. Die Andeutungen des Erzählers Walter Faber lassen den Leser erkennen, dass durch den Aufenthalt in der Wüste für Faber ein Stück Vergangenheit lebendig geworden ist.

Ablehnung des Erlebens

Faber versucht auch, mit dem Phänomen Wüste auf technische Art und Weise „fertig" zu werden. Er hat den Mondaufgang in der Wüste gefilmt und damit als Erlebnis von sich fern gehalten, ebenso wehrt er das Erlebnis der nächtlichen Wüste ab. Dazu benutzt er seine Rolle als Techniker, der die Dinge so zu sehen vorgibt, „wie sie sind" (25), und jegliches „Erlebnis" ablehnt. Aber die Art dieser Darstellung lässt den Leser gegenüber Fabers Aussagen misstrauisch werden.

Information über Vergangenheit

Während des Aufenthalts in der Wüste wird Herbert Hencke für Faber zum Verbindungsglied zwischen Vergangenheit und späterem Geschehen. Faber erfährt, dass sein Jugendfreund Joachim Hencke der Bruder seines Partners ist, dass er Walter Fabers Freundin der Züricher Jahre, Hanna Landsberg, geheiratet hatte, dass ein Kind vorhanden und die Ehe wieder geschieden sei. Daraufhin wird in ihm die Erinnerung an Hanna so stark, dass er sogar von ihr träumt. Dem Leser wird deutlich, dass Hanna in Fabers Leben eine wichtige Rolle ge-

spielt haben muss. Näheres wird ihm aber nicht mitgeteilt.
In einem Einschub berichtet Faber, dass er mit Ivy „sauberen Tisch" machen will (32), und schreibt ihr einen Abschiedsbrief. Damit meint er, die Episode Ivy erledigt zu haben.
Er beschäftigt sich immer mehr mit Hanna und erfährt, dass sie vermutlich noch lebt. In einer rückschauenden Reflexion voller Widersprüche macht er sich dann Gedanken über sein Verhältnis zu ihr vor zwanzig Jahren und begründet, warum es damals nicht zur Heirat gekommen war. Aber der Leser erkennt den Widerspruch zwischen dem Anspruch eines „Berichts" auf objektive Darstellung und Fabers intentionsgeleiteter Darstellung: Faber stellt die Ereignisse so dar, dass sie ihn entlasten und sein damaliges Verhalten entschuldigen. Ganz offensichtlich versucht er, sein damaliges Verhalten vor sich – und dem Leser? – zu rechtfertigen.

Rückblende: Erinnerung an Hanna

Widerspruch

3. Die Dschungelreise (35–61)
Faber hält es nicht für nötig, über die Rettung aus der Wüste ein Wort zu verlieren. Er übergeht dieses Geschehen und berichtet davon, dass er sich auf dem Flugplatz in Mexico-City „im letzten Augenblick" (35) entschlossen habe, seine Dienstreise „einfach" zu unterbrechen und mit seinem neuen Freund Herbert zu seinem Jugendfreund Joachim in den Dschungel zu reisen. Er hat jedoch ein schlechtes Gewissen. Sein plötzlicher Entschluss passt nicht zu dem Bild, das er von sich und das die Umwelt von ihm hat: dem des gewissenhaften, exakten Technikers. Trotz seiner Skrupel setzt er jedoch seinen Entschluss in die Tat um und wagt sich in einen für ihn als „Techniker" feindlichen Erfahrungsbereich.
Von jetzt an spielt die tropische Dschungelnatur mit ihren Auswirkungen auf den Menschen eine entscheidende Rolle, und zwar in drei Eskalationsstufen, die durch die Aufenthaltsorte und die Reise dorthin gekennzeichnet sind: Campeche, Palenque und Joachims Farm.
Faber und Herbert fliegen gemeinsam nach Campeche und warten dort in einem Hotel auf den Zug nach Palenque. Faber fühlt sich unwohl. Einmal ekelt er sich vor den Auswirkungen des tropischen Klimas, mehr noch

Unterbrechung der Dienstreise

Warten in Campeche

geht ihm aber die Wartezeit und die damit verbundene Passivität auf die Nerven. In dieser Zeit wird er wieder an seine mögliche Krankheit erinnert: „Ich spürte wieder meinen Magen." Er erlebt Tod und Vergänglichkeit in Gestalt der Zopilote, einer Art Geier, die sich von Aas nähren und überall die tropische Landschaft bevölkern. Vorübergehend ist er sogar „entschlossen" (37), nach Mexiko zurückzufliegen, gibt aber rückblickend an, nicht zu wissen, warum er es nicht getan hat.

Auf der Eisenbahnfahrt nach Palenque erfährt Faber dann, dass sein Jugendfreund Joachim eine Tochter hat, geht aber nicht weiter darauf ein.

Warten in Palenque

In Palenque selbst beginnt wieder eine Zeit des Wartens und der Passivität, da der erwartete Jeep für die Weiterreise zur Plantage nicht da ist. Diese Tage, gefüllt durch Schwitzen, Trinken und Duschen, vergehen in Gleichförmigkeit. Die Tageszeiten verlieren ihren gliedernden Charakter und werden zu flüchtigen Eindrücken. Sinn und Zweck der Reise geraten fast in Vergessenheit. Faber ist sogar „zum Filmen [...] zu faul" (43). Aber er rasiert sich, „solange es noch Strom gab" (44).

Marcels Lebensauffassung

Für eine geringfügige Belebung dieses einförmigen Zustandes sorgt allein Marcel, ein junger Musiker aus Boston, der von den steinernen Reliefs der Maya-Pyramiden Kopien mit Hilfe von Pauspapier und schwarzer Kreide herstellt. Durch Marcel wird Faber mit einer Denk- und Lebensauffassung konfrontiert, die seinem eigenen Weltbild entgegengesetzt ist. Er selbst hat kein Verständnis für „ein Volk wie diese Maya, die das Rad nicht kennen und Pyramiden bauen, Tempel im Urwald, wo alles vermoost und in Feuchtigkeit verbröckelt – wozu?" (46) Er bewundert die Mayas zwar wegen ihrer mathematischen Fähigkeiten, stellt jedoch bedauernd fest, dass sie, weil sie keine Technik kannten, „dem Untergang geweiht" waren (47).

Aber gerade Marcel besorgt den Landrover zur Weiterreise nach Joachims Farm. Faber ist glücklich, wieder mit Technik zu tun zu haben: Während die Indios nachts tanzen, überholt er den Motor des Wagens.

Rückblende: Verhältnis zu Hanna

An dieser Stelle schaltet der Ich-Erzähler eine umfangreiche Rückblende ein, die wesentliche Elemente der Vor-Geschichte enthält: Faber berichtet von Hannas Studium der Kunstgeschichte in Zürich, von ihrer

Freundschaft mit ihm, von seinem Entschluss, sie zu heiraten, falls ihr die Aufenthaltsgenehmigung entzogen worden wäre, vom Angebot einer Firma an ihn, in Bagdad tätig zu sein, von Hannas Schwangerschaft, von seinem so genannten Heiratsangebot, das Hanna schließlich nicht annimmt, da Faber auf ihre Mitteilung von seiner Vaterschaft eigenartig reagiert: „Dein Kind, statt zu sagen: Unser Kind. Das war es, was mir Hanna nicht verzeihen konnte.“ (52) Und schließlich berichtet er, dass sein Freund Joachim zur Hilfe bei einer eventuellen Schwangerschaftsunterbrechung bereit gewesen sei.

Diese sehr ausführlichen Erinnerungen Fabers werden dadurch angeregt, dass sich Faber der Farm seines Freundes Joachim nähert. Sie sind vor allem vom Verfasser für den Leser gedacht: Einmal geben sie ihm die notwendigen Informationen über Fabers Vergangenheit, zum andern erkennt er aus der widersprüchlichen Art, wie Faber berichtet – er gibt ständig andere Gründe an, warum die Heirat nicht zustande gekommen sei –, warum Hanna das Heiratsprojekt ausgeschlagen hat. Sie ermöglichen dem Leser also, mehr zu wissen, als der Erzähler sich selbst eingesteht.

Rolle des Lesers

Damit findet eine deutliche Distanzierung des Lesers vom Ich-Erzähler Faber statt: Der Leser kann sich auf Grund von Fabers Mitteilungen über dessen Perspektive erheben.

Distanzierung des Lesers von Faber

Während der Fahrt durch den Dschungel unterhält sich Faber mit Marcel über das Verhältnis von Wissenschaft, Technik und Mythologie. Faber nimmt Marcels Thesen vom „katastrophalen Scheinsieg des abendländischen Technikers“ (54) widerspruchslos hin und begründet seine Passivität mit der Hitze. Erst als sich Marcel über Fabers Tätigkeit äußert, vom „Lebensstandard als Ersatz für Lebenssinn“ spricht (ebd.) und so Fabers berufliches Selbstverständnis infrage stellt, reagiert Faber polemisch und fragt Marcel, „ob er Kommunist sei“ (ebd.).

Auf dem Weg zur Farm will Faber mehrere Male umkehren, da sie keinen Weg finden und er sich in dieser Umgebung immer bedrohter fühlt. Doch wieder erweist sich der „Zufall“ als entscheidender Wendepunkt in seiner Lebensgeschichte: Marcel entdeckt Reifenspuren, sie finden mühsam den Weg zur Farm und entdecken

Tod Joachims

Joachims Leiche in einer Baracke. Er hat sich erhängt, weil er, wie Faber vermutet, das „Klima nicht ausgehalten hat“ (59).

Reaktion Fabers

Auch in dieser Situation reagiert Faber, wie es seinem Selbstverständnis als Techniker entspricht: „Es wunderte mich, woher sein Radio, das wir sofort abstellten, den elektrischen Strom bezieht […].“ (ebd.) Dass Fabers Verhältnis zum Tod technisch-geschäftsmäßig bestimmt ist, zeigt die Reihenfolge der Handlungen: „Wir fotografierten und bestatteten ihn.“ (ebd.) Die Realität des Todes wird durch Fotografie, Geschäftsbrief und Bericht dokumentiert; eine darüber hinausgehende Auseinandersetzung mit ihm findet nicht statt.

Anschließend trennen sich die Wege der Reisegenossen: Herbert bleibt trotz der Vorstellungen Fabers zurück, um die Farm zu verwalten, „Marcel mußte zu seinen Symphonikern“ (60) und Faber zu seinen „Turbinen“ (59).

Rückblende: Zeit mit Hanna

Diese Episode wird durch einen erneuten Rückblick auf die Zeit mit Hanna abgeschlossen, der den letzten (49 ff.) ergänzt und variiert. Faber rekapituliert die Zeit der Annullierung jüdischer Pässe, seinen Entschluss, Hanna zu heiraten, die Weigerung Hannas, die Trennung mit dem Übereinkommen, „ihr“ Kind nicht zur Welt kommen zu lassen, und seine beruflich bedingte Abreise nach Bagdad.

Rechtfertigungsversuch

Fabers Äußerungen dienen der Selbstrechtfertigung. Bezeichnend dafür ist, dass er die Erinnerung an die Zeit mit Hanna in drei Schüben erzählt (35, 49 ff., 60 f.). Ganz offensichtlich ist er nicht imstande, die Schuld für das Scheitern der Beziehung bei sich zu suchen. Wie fragwürdig der Genauigkeit vortäuschende Satz „Ich kann nur berichten, was ich weiß“ (60) ist, wird dem Leser deutlich, wenn er die von Faber genannten Gründe für das Nichtzustandekommen der Heirat vergleicht.

4. Ivy und New York (62–75)

Nach dem Besuch der Plantage fährt Faber nach Caracas (Venezuela). Da die Turbinen, deren Montage er leiten soll, noch verpackt sind, fliegt er am 20.4. zurück nach New York, wo er am folgenden Tag eintrifft. Nun ist er nach dem bedrückenden Abstecher in die tropische Natur wieder auf vertrautem Boden: im Zentrum der Zivili-

Rückflug nach New York

sation und des „American Way of Life“ (54), den Marcel im Dschungel so hart kritisiert hat.
Ivy gehört zu diesem Bereich. Sie erwartet Faber am Flughafen, obwohl er ihr brieflich aus der Wüste von Tamaulipas „deutlich genug“ (34) mitgeteilt hat, dass er sich endgültig von ihr trennen will. Der Leser wird nun Zeuge der Beziehungsschwierigkeiten der beiden völlig verschiedenen Menschen und der Versuche Fabers, die Beziehung zu lösen. Ivy will das Verhältnis aufrechterhalten, er zöge es vor, mit einem Freund Schach zu spielen, muss aber absagen und ordnet dann seine „letzten Filme“ (63).

Verhältnis zu Ivy

Um der Möglichkeit zu entgehen, dass die schon „schriftlich“ (64) gelöste Beziehung zu Ivy sich wieder festigt, entschließt sich Faber, statt des Flugzeugs in einer Woche das Schiff am nächsten Tag zur geplanten Reise nach Europa zu nehmen, wo er an einer Konferenz teilnehmen soll. An dieser Stelle setzt sich Faber erneut mit dem Problem „Zufall“ auseinander. Ohne einen „Zufall“ hätte Faber den Anruf nicht gehört, der ihm mitteilt, dass er sofort seinen Schiffsplatz buchen müsse. Andernfalls wäre die Schiffsreise „nicht zustande gekommen, jedenfalls nicht mit dem Schiff, das Sabeth benutzte, und wir wären einander nie auf der Welt begegnet, meine Tochter und ich“ (68).

Entschluss zur Schiffsreise

Problem „Zufall“

Faber nimmt Abschied von New York und Ivy in seiner Wohnung. Er freut sich „aufs Leben wie ein Jüngling“ (69), lässt sich erneut von Ivy verführen, ohne dass er weiß, „wie es wieder kam“ (71), lädt Bekannte zur Abschiedsparty ein, betrinkt sich, fühlt sich in seiner Identität verunsichert und kritisiert nicht nur die abendliche Zufallsgesellschaft, sondern die westliche Zivilisationsgesellschaft überhaupt: „In eurer Gesellschaft könnte man sterben […], ohne daß ihr es merkt, von Freundschaft keine Spur […]“ (72) schreit er.

Abschied von Ivy

Zur Anonymität dieser Gesellschaft, nach deren Regeln Faber – noch – lebt, passt, dass er nichts Genaueres über Ivy weiß, weder über ihre Familienverhältnisse noch über ihren Beruf. Seine Beziehung zu ihr war rein funktional. Aber mit freundlichen Gedanken nimmt er Abschied von ihr. Zur inneren und räumlichen Entfernung kommt noch die technische Distanzierung: Er filmt sie mit seinem „neuen Teleobjektiv“ (73).

Rückblende: Rückfahrt von Plantage

An dieser Stelle schiebt Faber den Bericht über die nächtliche Rückfahrt von der Plantage nach. Auf dieser Fahrt erlebt er den Kreislauf alles Natürlichen: „Verwesung voller Keime“ (74) und empfindet wieder Ekel vor dem tropischen Wuchern und Sprießen. Er selbst möchte „kremiert werden“ und sich dadurch dem Kreislauf des Werdens und Vergehens entziehen.

„Erste Station“: Die Schiffsreise nach Europa (75–104)

KURZINFO

„Erste Station“: Die Schiffsreise nach Europa

- Der Ich-Erzähler berichtet, wie er
- auf dem Schiff Sabeth, eine junge Kunststudentin, kennen lernt, die ihn an seine Jugendfreundin Hanna erinnert,
- ihr näher kommt, sich in sie verliebt, eifersüchtig ist und über sein Verhältnis zu Frauen nachdenkt,
- ihr sogar einen Heiratsantrag macht, den sie ablehnt.

Mit Fabers Schiffsreise nach Europa setzt ein neuer, entscheidender Handlungsabschnitt ein, zu dem das bisherige Geschehen eigentlich nur die Hinführung darstellt. Auf dem Schiff befindet sich Faber in einer neuen Situation: Bisher verbrachte er jeweils kurze Zeit an verschiedenen Orten, jetzt muss er sich längere Zeit an einem Ort aufhalten, und dazu noch untätig. In dieser Situation

Begegnung mit Sabeth: Ahnungen

begegnet er Sabeth, einer 20-jährigen Kunststudentin, ohne zu wissen, dass sie seine Tochter ist. Der rückblickende Erzähler gibt zwar zu, dass ihn schon nach kurzer Bekanntschaft das junge Mädchen an Hanna erinnerte, aber er bestreitet, dass er jemals den Verdacht

Selbstrechtfertigung

gehabt habe, „es könne zwischen dem jungen Mädchen und Hanna […] ein wirklicher Zusammenhang bestehen“ (87). Selbstverständlich hätte er sich dann „anders“ verhalten, schreibt er entschuldigend und informiert damit den Leser indirekt über die Art der zukünftigen Beziehung. Von „Fügung“ will er nichts wissen, aber er erkennt seine Schuld am Tode seiner Tochter.

Der rückblickende Erzähler rekapituliert für sich – und für den Leser –, wie er sich allmählich in Sabeth verliebt, ohne dass er es sich eingestehen will.

Erste Begegnung

Faber sieht Sabeth zum ersten Mal, als an Bord Tischkarten ausgegeben werden. Ihr Gesicht sieht er nicht, aber ihre Gestalt beeindruckt ihn so, dass er rückblickend noch ihre Kleidung beschreiben kann. Sie nimmt keine Notiz von ihm, und Faber kommt erst später, als sie mit einem jungen Mann Tischtennis spielt, zufällig in flüchtigen Kontakt mit ihr. Schon am gleichen Abend wird der Kontakt vertieft: Faber spielt mit Sabeth Pingpong (vgl. 79). Nach dem Spiel kommen sich beide durch Gespräche näher, aber Faber wird immer mehr eifersüchtig auf die Männer, mit denen Sabeth umgeht: auf ihren „Schnäuzchen-Freund" (79) und auf seinen Tischnachbarn, einen Baptisten, über dessen Annäherungsversuche er sich „aufregt" (83). Um die Situation wieder in den Griff zu bekommen, spricht er mit Sabeth über technische Phänomene, „wovon sie noch nie gehört hat" (80), und spielt seine Rolle als Techniker übertrieben aus.

Vertiefung des Kontaktes

Fabers Gefühl der Eifersucht Sabeths Pingpong-Partner gegenüber verstärkt sich, als Sabeth seekrank wird, die beiden Männer sich in rührend-komischer Weise um sie bemühen und einander von ihrer Kabine fernhalten wollen. Minderwertigkeitsgefühle dem jungen Nebenbuhler gegenüber kommen hinzu, obwohl er, wie er meint, eigentlich keinen Grund dazu hat.

Eifersucht

Faber erfährt von Sabeth, dass sie vorhat, von Paris per Autostop über Rom zu ihrer Mutter nach Athen zu fahren, was er nicht gerne hört. Sie wehrt sich zwar gegen Fabers starkes Interesse an ihrer Person, folgt aber seiner Einladung, mit ihm zusammen den Maschinenraum des Schiffes zu besichtigen. Er wird durch das Gaffen der Maschinisten leicht verunsichert, die Sabeth „offensichtlich" für seine „Tochter hielten" (93).

Besichtigung des Maschinenraums

Am letzten Abend findet an Bord ein großer Ball statt, „zufällig" (95) an Fabers 50. Geburtstag. Inmitten des Ballgetümmels fühlt er sich allein, spürt wieder seinen Magen und beschließt, ihn in Paris „untersuchen zu lassen" (96). Sabeth kommt zu ihm. Ihre Vermutung, er sei traurig, „verstimmte" ihn (98) und löst in ihm eine grundsätzliche Reflexion aus, die er im Präsens wiedergibt, die also für ihn noch zur Zeit des Schreibens gültig ist.

Fabers Selbstkonzept

Faber äußert sich in dieser zentralen Textstelle (98–101)

- über sein Selbstverständnis als Mann: Der „wirkliche Mann" wohnt alleine, kann nicht „die ganze Zeit

Gefühle haben", die er als „Ermüdungserscheinungen" betrachtet, und fühlt sich am wohlsten im Umgang mit technischem Gerät;
- über sein Frauenbild: Für ihn sind alle Frauen „Efeu", also klettenhaft-anhängliche Wesen, die von morgens bis abends Zärtlichkeiten wollen, zum Unglücklichsein neigen, Sachlichkeit nicht vertragen, dem Mann Gefühlsarmut vorwerfen und ihn grundsätzlich nicht verstehen;
- über sein Verhältnis zu Frauen: Er kann nur kurze Zeit mit ihnen verbringen, sehnt sich dann nach seinem Beruf, kann Zärtlichkeiten nur dosiert vertragen, will Frauen nicht unglücklich machen und eignet sich nicht für die Ehe.

Erkenntnis des Lesers

Dass Fabers Selbstbild als Techniker, der jede Situation beherrscht und das Leben jederzeit kontrolliert, Risse zeigt, wird dem Leser deutlich, als Faber zum Schluss feststellt: „Alles ist nicht tragisch, nur mühsam: Man kann sich nicht selbst Gutnacht sagen – Ist das ein Grund zum Heiraten?" (100)
Nachts drängen sich Faber wieder Gedanken an Ivy und ihre fordernde Sexualität auf, aber am nächsten Morgen, als das Schiff im Hafen angekommen ist, ist er glücklich, als Sabeth sich neben ihn setzt: Er macht ihr einen Heiratsantrag – er, der am Abend vorher noch ausführlich begründete, warum er nie heiraten will. Sie „errötete" (102), antwortet aber nicht.

Abschied von Sabeth

Am andern Tag kommen sie in Le Havre an und verabschieden sich. Faber erkennt: „[...] es war unmöglich" (103), sieht sie noch im Gedränge, kommentiert rückblickend: „Unser Kind! Aber das konnte ich damals nicht wissen [...]" (104) und gesteht: „Ich hatte sie gern." (ebd.)

„Erste Station“: Die Reisen in Europa (104–174)

KURZINFO

„Erste Station“: Die Reisen in Europa

- Der Ich-Erzähler berichtet, wie
- er in Paris seine Schiffs-Bekanntschaft Sabeth wieder trifft und mit ihr eine Autoreise durch Südfrankreich, Italien und Griechenland unternimmt,
- sie ihn immer mehr an seine Jugendfreundin Hanna erinnert, er aber verdrängt, dass sie seine Tochter sein könnte,
- er sich immer mehr in sie verliebt, glücklich ist und in Südfrankreich mit ihr schläft,
- sie schließlich in Griechenland an den Folgen eines Unglücksfalls stirbt,
- er Sabeths Mutter Hanna nach deren Tod in Athen wieder trifft und sie ihm sagt, dass Sabeth seine Tochter war.

1. Aufenthalt in Paris (104–116)

Der Aufenthalt in Paris hat für Faber Wendepunktcharakter: Er begegnet Sabeth wieder. Zuerst aber erstattet er seinem Vorgesetzten Williams Bericht über das berufliche Geschehen der letzten Wochen und ist über dessen „Anspielung“ überrascht, er habe „Ferien sehr nötig“ (105). Diese Bemerkung irritiert ihn ungemein und geht ihm noch beim Essen in einem Restaurant nach. Während dieses Essens sieht er sich im Spiegel „sozusagen als Ahnenbild“ (106), verdrängt dieses Bild aber sofort: Er fühlt sich „nicht lebensmüde“ und vergisst, zum Arzt zu gehen, wie er es sich vorgenommen hatte.

Verunsicherung Fabers

Bei einer Konferenz begegnet Faber seinem ehemaligen Lehrer an der ETH Zürich, Professor O., der für ihn immer „eine Art Vorbild“ gewesen ist (112). Damit wird das Motiv Krankheit und Tod verstärkt wieder aufgenommen, denn der Professor kommt Faber vor, als ob er schon „gestorben“ wäre (ebd.). Zur Konferenz mit ihm kommt der sonst so pünktliche Walter Faber verspätet: Es ist ihm gelungen, Sabeth wieder zu treffen, und zwar im Louvre, den er vorher noch nie besucht hat. Faber lädt sie zum Kaffee ein, kann ihr die „Idee, mit Autostop nach Rom zu reisen“, nicht ausreden, wird eifersüchtig bei der Vorstellung, sie ließe sich von „jedem Mann einladen“ (110), lädt sie in die Oper ein und entschließt sich, das Urlaubsangebot seines Chefs anzunehmen und mit Sabeth nach Südfrankreich und Italien zu fahren. Zu-

Todesmotiv

Wiederbegegnung mit Sabeth

sammenfassend stellt er fest: „Ich konnte nie glücklicher sein als jetzt." (113)
Nach der Schilderung der „zufälligen" Wiederbegegnung mit Sabeth in Paris und vor dem „Bericht" über die gemeinsame Autoreise durch Frankreich und Italien folgt wieder ein Einschub des erinnernden Ich-Erzählers. Befremdend auf den Leser wirkt, dass der rückschauende Faber nach der Feststellung, in Paris mit Sabeth glücklich gewesen zu sein, und vor der gleichen Beurteilung seines Gefühlszustandes während der Italienreise die Existenz des Mädchens, mit dem er glücklich gewesen ist, indirekt dadurch infrage stellt, dass er sich Gedanken über die Berechtigung einer Schwangerschaftsunterbrechung macht. Er ist dafür und meint, sie sei „heutzutage", d. h. 20 Jahre nach Sabeths unplanmäßiger Geburt, „eine Selbstverständlichkeit" (114). Der Leser erkennt, dass Faber auch diese Gelegenheit zur Selbstrechtfertigung nutzt.

Gedanken über Schwangerschaftsunterbrechung

2. Die Autoreise durch Frankreich und Italien (116–135)

Durchbrechung der Chronologie

Nach dieser Reflexion beginnt der „Bericht" über die schicksalhafte Autoreise Fabers mit Sabeth durch Frankreich und Italien. Faber beginnt seinen „Bericht" nicht chronologisch mit der ersten Station Avignon, sondern mit der Schilderung der daran anschließenden Italienreise. Er scheut sich offensichtlich, auf das entscheidende Ereignis sofort einzugehen: auf die gemeinsame Nacht mit Sabeth im Hotel in Avignon.
Auch eine andere wichtige Information wird nachgereicht: Faber erfährt nach dieser Nacht in Avignon, dass Sabeths Mutter seine Jugendfreundin Hanna Landsberg ist, will aber zu diesem Zeitpunkt nicht wahrhaben, dass Sabeth seine Tochter ist.

Glück mit Sabeth

Bei der Wiedergabe des Geschehens der Reise durch Italien fällt auf, dass sich Faber und Sabeth duzen. Der Leser kann also vermuten, dass sich ihre Beziehung enger gestaltet hat, zumal Faber schon gleich zu Beginn diese Phase des Zusammenseins als „glücklich" beurteilt (116).
Aber es wird auch das Problem genannt, das Faber zu schaffen macht: der Altersunterschied. Faber notiert, die Reise sei „nicht immer leicht" gewesen: „ich langweilte sie mit Lebenserfahrung, und sie machte mich alt, indem sie auf meine Begeisterung wartete ..." (119)

Altersunterschied

Hinzu kommen unterschiedliche Interessen und Unterschiede in der Lebensauffassung: Sabeth interessiert sich für Kunst, er selbst für technische Leistungen. Sabeth ist offen für alles Neue, Unbekannte, Faber ist eifersüchtig und fragt sich, ob sie sich jedem Beliebigen so anvertraut hätte wie ihm. Wiederholt bezieht er sich auf Avignon, und der Leser kann vermuten, was geschehen ist.

Interessenunterschiede zwischen Sabeth und Faber

Nach der berichtend-referierenden Darstellung des Verhältnisses zu Sabeth führt der „Bericht" in szenischer Darstellung langsam auf den Höhepunkt des inneren Geschehens dieser Phase zu. Auf die Enthüllung, dass Sabeth Hannas Tochter ist.

Diese Enthüllung erfolgt in einzelnen Stufen an verschiedenen Orten:

Stufenweise Enthüllung: Sabeth ist Hannas Tochter

- Sie wird vorbereitet durch die immer dichter werdende Symbolik der Handlung. Faber und Sabeth besichtigen im „Museo Nazionale" in Rom (119) antike Reliefs, Skulpturen und Grabdenkmäler mit mythologischen Darstellungen, die auf symbolischer Ebene das Verhältnis Fabers zu Sabeth widerspiegeln.
- Als beide danach in einem Restaurant essen, kommt das Gespräch auf Sabeths Mutter. Faber erfährt zunächst, dass sie offenbar kunstgeschichtlich gebildet ist. Dann macht Sabeth Angaben, die Faber hätten stutzig machen können: Ihre Mutter sei Kommunistin gewesen, habe sich von ihrem Mann, einem Herrn Piper, getrennt und lebe seit Jahren in Athen.
- Auch als Faber während des Essens erfährt, dass Piper nicht Sabeths Vater ist, sondern dass sie „also ein Kind aus erster Ehe" ist (122), reagiert er nicht beunruhigt und beschreibt Sabeths Doppelrolle: „Ein Kind, das ich als Frau behandelte, oder eine Frau, die ich als Kind behandelte, das wußte ich selber nicht." (123 f.)
- Anschließend halten sie sich an der Via Appia auf. Als Sabeth aus dem Baedeker den für den wissenden Leser doppeldeutigen Satz vorliest: „Der interessantere Teil der Straße beginnt, das alte Pflaster liegt mehrfach zutage" (126), fragt Faber fast nebenbei: „Wie heißt eigentlich deine Mama mit Vornamen?" (ebd.) Erst nach mehreren Abschweifungen und Unterbrechungen erfährt er, dass ihre Mutter Hanna heißt, und erst

nach erneuter Verzögerung durch Banalitäten nennt er selbst fragend den Mädchennamen ihrer Mutter: „Landsberg". Als seine Vermutung sich als Gewissheit herausstellt, ist er „wie erschöpft" (128).

Reaktion Fabers auf die Enthüllung

An dieser Stelle unterbricht der berichtende Faber die Darstellung des Geschehens und versucht seine damaligen Gedanken zu rekapitulieren. Er legt Wert darauf festzustellen, dass er nicht einen Augenblick daran dachte, dass Sabeth auch seine eigene Tochter sein könnte. Aber er gibt auch zu: „Natürlich dachte ich daran, aber ich konnte es einfach nicht glauben, weil zu unglaublich [...]." (ebd.)
Zu dieser Verdrängungstaktik passt, dass Faber, nachdem er von Sabeth Einzelheiten über ihr bisheriges Leben erfahren hat, das Problem möglicher Vaterschaft auf mathematische Weise zu lösen sucht und sich die Zahlen so zurechtlegt, dass die Rechnung so aufgeht, wie er es will: Faber will sich irren.

Selbstrechtfertigung Fabers

An diese wichtige Episode schließt sich wieder eine Reflexion an, in der der rückschauende Faber auf sein Verhältnis zu Sabeth eingeht und beteuert, dass die Initiativen zur Vertiefung der Beziehung nicht von ihm ausgegangen seien. Jetzt erst geht er auf die wichtigsten Ereignisse seit Paris und besonders auf das entscheidende Ereignis ein, das der Italienreise vorausging und sein Verhältnis zu Sabeth neu bestimmte: auf die gemeinsame Nacht in Avignon.

Rückblick auf die gemeinsame Nacht in Avignon

3. Die Reise in Griechenland (135–174)

Kein chronologisch erzähltes Geschehen

Im Anschluss an Reflexion und Informationsnachtrag führt die Handlung direkt nach Athen: Faber beschreibt sein „Wiedersehen mit Hanna" im Krankenhaus (135). Das entscheidende Geschehen vor diesem Wiedersehen, Sabeths Unfall und ihr Transport ins Krankenhaus, wird wieder nicht chronologisch, sondern in drei Schüben rückgeblendet, so dass sich folgende Grobstrukturierung ergibt:

- das Wiedersehen mit Hanna im Athener Krankenhaus (135–138),
- erste Rückblende: Unfall und Transport ins Krankenhaus (138–141),
- Aufenthalt in Hannas Wohnung (141–162),

- zweite Rückblende: die Nacht vor dem Unfall (162–165),
- Fabers und Hannas Fahrt zur Unfallstelle (165–169),
- dritte Rückblende: Sabeths Zurückweichen vor Faber und ihr Sturz – entscheidender Teil des Berichts (169–171),
- Rückfahrt Fabers und Hannas nach Athen, Sabeths Tod (171–174).

Wiederbegegnung mit Hanna

Sofort nach seinem Erwachen im Krankenhaus zu Athen erkennt Faber seine Jugendfreundin Hanna, obwohl er sie, wie Sabeth auf dem Schiff, nur von hinten sieht. Ohne Begrüßung sprechen beide miteinander über das Geschehen. Hanna verhält sich zu Fabers Erstaunen sehr gefasst, macht ihm „keinerlei Vorwürfe“ (137) und stellt sofort die für sie entscheidende Frage: „Was hast du gehabt mit dem Kind?“ (ebd.)

Erste Rückblende: Sabeths Unfall

In der jetzt eingeschalteten Rückblende wird der Leser über den letzten Teil der Ereignisse auf Akrokorinth, der letzten Station Fabers und Sabeths vor Athen, informiert: Sabeth wird von einer Schlange gebissen, und Faber saugt die Wunde sofort aus, „wie vorgeschrieben“ (138).

Sabeths Transport ins Krankenhaus

Dann läuft er, notdürftig bekleidet und barfuß, die bewusstlose Sabeth auf den Armen, bis zur Erschöpfung die Landstraße entlang, Richtung Athen. Schließlich kommt ein Lastwagen und nimmt die beiden mit. Nach weiteren Verzögerungen und einer Irrfahrt durch Athen erreicht Faber das Krankenhaus.

Auseinandersetzung mit Hanna

Nach diesem rückblickenden Einschub führt der „Bericht“ wieder zu Hanna und Faber zurück. Beide befinden sich mittlerweile in Hannas Wohnung; beide wollen jeweils vom andern eine entscheidende Frage beantwortet haben. Sie weichen einander aus, taktieren:
- Faber will von Hanna wissen, ob Sabeth seine Tochter ist, und fürchtet diese Tatsache, die er im Unterbewusstsein schon längst „weiß“.
- Hanna weiß von dieser Tatsache und befürchtet deshalb, dass eine sexuelle Beziehung zustande gekommen ist.

Verhalten der Wahrheit gegenüber

Faber lässt als rückblickender Erzähler noch immer offen, ob er damals die Wahrheit, dass Sabeth seine Tochter ist, tatsächlich nicht kannte. Nach außen hin beharrt er auf seinem Irrtum, in Situationen, in denen er allein ist, gerät er jedoch in hilflose Verzweiflung.

Die Antwort auf Hannas Gewissensfrage nach der Art seines Verhältnisses zu Sabeth lässt auf sich warten. Zuvor reflektiert der rückblickende Faber über Hannas Beruf, ihre Einstellung Männern gegenüber und äußert sich über ihre Tätigkeit, ihre Ehe mit Joachim, die Zeit nach der Scheidung und ihre Ehe mit Piper. Ihren Fragen nach dem, „was gewesen ist“ (157), weicht er immer wieder aus. Aber auch sie bleibt bei der doppeldeutigen Wahrheit, Joachim sei Sabeths Vater gewesen. Fabers Verhalten zeigt, dass er die Antwort eigentlich weiß, aber verdrängt: Wichtig sei im Augenblick allein, dass „das Mädchen [...] gerettet ist“ (159). Zur Antwort auf Hannas Frage kann er sich erst kurz vor dem Schlafengehen durchringen und ist danach „geradezu munter, mindestens erleichtert“ (ebd.).

Als er in dieser Nacht keine Ähnlichkeit zwischen einem Foto von Joachim und Sabeth feststellt und Hanna weinen hört, quält ihn der Gedanke, doch Sabeths Vater zu sein. An dieser Stelle schiebt der berichtende Faber die zweite Rückblende ein, die über den ersten Teil der Ereignisse auf Akrokorinth informiert. Faber und Sabeth haben kein Hotelzimmer bekommen und verbringen die Nacht im Freien. Beide sind glücklich, und an dieses Glücksgefühl und Sabeths Verhalten erinnert sich Faber noch besonders eindringlich zur Zeit der Niederschrift seines „Berichts“.

Zweite Rückblende: Nacht von Akrokorinth

Fahrt zur Unfallstelle

Am nächsten Morgen gibt sich Hanna wieder sachlich und umsichtig, obwohl es Sabeth schlechter geht. Faber weist die Schuld am Geschehen von sich: „Was konnte ich dafür, daß alles so gekommen war.“ (166) Dann fahren sie zur Unglücksstelle, um seine zurückgelassenen Sachen zu holen. Als sie diese finden, stellt er fest: „Alles wie gestern!“ Dann aber fährt er fort: „Es war furchtbar.“ (169)

Dritte Rückblende: Mitteilung der wichtigsten Informationen

Das Wiedersehen der Unfallstelle ist Anlass zur Unterbrechung des „Berichts“ durch die dritte Rückblende, die vom entscheidenden zweiten Teil der Ereignisse auf Akrokorinth berichtet. Jetzt erst erfährt der Leser die im Hinblick auf Sabeth lebenswichtigen Informationen, die Faber bisher verschwiegen hatte – auch dem Arzt im

Krankenhaus: Sabeth war zwar von einer Schlange gebissen worden, aber sie war eine Böschung hinuntergestürzt, als sie vor dem nackten Faber zurückwich, der auf ihr Schreien hin aus dem Wasser kam und ihr zu Hilfe eilte. Am Unglücksort gesteht Hanna Faber, dass Sabeth seine Tochter ist. Er kommentiert: „Ich wußte es." (171) Als beide wieder in Athen ankommen, erfahren sie vom Tode ihrer Tochter, der „nicht durch Schlangengift verursacht gewesen", sondern „die Folge einer nichtdiagnostizierten Fraktur der Schädelbasis [...], hervorgerufen durch ihren Sturz über die kleine Böschung [...], was durch chirurgischen Eingriff ohne weiteres hätte behoben werden können" (174) – wenn Faber davon berichtet hätte! Mit diesem einschneidenden Ereignis endet der „Bericht" der „ersten Station", der vom 21. Juni bis zum 8. Juli von Faber im Hotel in Caracas geschrieben wurde.

Tod Sabeths

„Zweite Station": Erneute Reisen in Amerika und Europa, Aufenthalt in Athen (175–220)

KURZINFO

„Zweite Station": Zweite Amerikareise, Reisen in Europa, Aufenthalt in Athen

- Der Ich-Erzähler schreibt den zweiten Teil seines „Berichts" im Athener Krankenhaus, in dem er sich wegen seiner lange verdrängten Krankheit aufhalten muss. Er schreibt abwechselnd ein Reisetagebuch und ein Krankenhaustagebuch, mit dem sein „Bericht" endet.

Im **Reisetagebuch** berichtet er, wie er

- sich nach Sabeths Tod orientierungslos einige Tage in New York aufhält,
- eine zweite Dienstreise nach Caracas unternimmt, sich dort aber krankheitshalber im Hotel aufhalten muss,
- einen Abstecher in den Dschungel zu Herbert macht, dem Bruder seines toten Freundes Joachim,
- auf einer Zwischenlandung in Cuba Vorstellungen von einem anderen Leben gewinnt, das nicht mehr ausschließlich durch die Technik bestimmt ist,
- über Düsseldorf, Zürich, Mailand und Rom nach Athen fliegt, wo er im Krankenhaus auf seine Operation wartet.

Im **Krankenhaustagebuch** berichtet er über

- seine Gedanken über Krankheit und Tod,
- Hannas Besuche bei ihm und ihre Gespräche über seine Lebenseinstellung, ihre und Sabeths Vergangenheit, die stufenweise enthüllt wird,
- seinen Wunsch, eine neue Einstellung zur Welt zu gewinnen sowie eine neue Beziehung zu Hanna zu beginnen.

Faber ist endgültig von der Krankheit eingeholt worden, die er immer wieder verleugnet und verdrängt hatte: Den zweiten Teil seines „Berichts" muss er im Krankenhaus zu Athen schreiben, und zwar ab dem 19. Juli.

Reisen nach Sabeths Tod

In diesem Teil rekapituliert Faber die Ereignisse nach Sabeths Tod: Wieder hält er sich kurz in New York auf, fliegt nach Caracas, wo er krankheitshalber im Hotel bleiben muss, und macht einen Abstecher zur Plantage, diesmal um Herbert zu sehen. Dann aber fliegt er nach Cuba, wo er sich zum ersten Mal aufhält und einige Tage bleibt. Anschließend kehrt er nach Europa zurück, um in Düsseldorf und Zürich geschäftliche Dinge zu erledigen, und landet schließlich in Athen, wo er wegen der Magenbeschwerden endlich das Krankenhaus aufsucht.

Situation des Schreibens

Das Tagebuch dieser Reisen schreibt er mit seiner „Hermes Baby". Während der Mittagszeit darf er jedoch nicht mit der Maschine schreiben, „weil Ruhestunde", und soll „von Hand schreiben" (durch Kursivdruck gekennzeichnet), obwohl er „Handschrift nicht leiden kann" (175). In dieser Ruhezeit notiert er seine augenblicklichen Erinnerungen und Gedanken, Gefühle und Befürchtungen. Er denkt nach über seinen Gesundheitszustand, über das Geschehen mit Sabeth, deren Tod jetzt sechs Wochen zurückliegt, besonders aber über Hanna, die ihn täglich besucht, über sein Verhältnis zu ihr, über ihr Leben.

Perspektivenwechsel

Die Perspektive wechselt regelmäßig zwischen dem Bericht über seine letzten Reisen und den Krankenhausaufzeichnungen hin und her, bis die beiden Handlungsstränge zeitlich zusammenfallen und die Vergangenheit zu Fabers Gegenwart geworden ist. Dieser letzte Teil ist nur noch in Kursivschrift gedruckt. Fabers Aufzeichnungen enden in dem Augenblick, in dem man ihn zur Operation abholt.

1. Das Reisetagebuch (175–215)

Verunsicherung in New York

Einige Tage nach Sabeths Tod, am 1.6., befindet sich Faber wieder in New York. Die Ereignisse der letzten Wochen haben ihn innerlich erschüttert. Auf einer „Saturday-Party", zu der er wider Willen doch hingegangen ist, ist er so stark verunsichert, dass er an seiner Identität zweifelt und dass dies den Gästen sogar auffällt.

Am nächsten Tag fliegt Faber wieder zur Montage nach Caracas. Aber er unterbricht – wieder! – seinen Flug, wegen „Magenbeschwerden“ (179), und fährt mit dem Bus nach Campeche, mit dem Zug nach Palenque und mit dem Auto zur Plantage, um Herbert Hencke zu besuchen.

Unterbrechung der Reise

In Campeche und Palenque kommt Faber „alles unverändert“ vor (ebd.), und deshalb wünscht er sich vergeblich die Möglichkeit, das Vergangene ungeschehen zu machen: „Warum kann es nicht sein, daß es April ist! Und alles andere eine Halluzination von mir.“ (180)

Aber sein Freund Herbert ist verändert, lebt ein Leben in der Natur ohne Technik, ohne Komfort, ohne Interesse an der Umwelt und ohne Zukunftsbewusstsein. Fabers Einstellung zum Leben und zu den Dingen hat sich hingegen noch nicht grundlegend verändert. Er kann sich ein Leben ohne Technik noch nicht vorstellen. Er rasiert sich „mit einer alten Klinge“, weil es „keinen Strom gibt“ und weil er „keinen Bart will“ (181), und repariert in mühevoller Kleinarbeit Herberts Auto, weil er es für diesen als lebenswichtig ansieht. Aber Herbert legt keinen Wert mehr auf dieses technische Mittel, der selbstgewählten Verbannung zu entkommen. „Wir verstanden uns überhaupt nicht“ (ebd.), kommentiert Faber dieses letzte Zusammentreffen.

Herberts Veränderung

Unveränderte Einstellung Fabers

Am 20. 6. kommt Faber wieder in Caracas an. Jetzt ist die Situation gegenüber seinem ersten Besuch ins Gegenteil verkehrt: Material und Arbeiter sind vorhanden, aber er selbst fällt wegen seiner Magenbeschwerden aus und muss über zwei Wochen im Bett liegen. Um die Mußezeit auszufüllen, schreibt er den ersten Teil seines Reiseberichts („Erste Station“), „ohne denselben zu adressieren“ (185), vermutlich aber nicht nur für sich, sondern auch für Hanna.

Caracas: Zeit des Schreibens der „Ersten Station“

Von Caracas aus fliegt Faber – zum ersten Mal – nach Cuba, wo er nichts zu tun hat „als das Flugzeug wechseln“, weil er „keinesfalls über New York fliegen“ will (187). Vier Tage muss er warten, und diese vier Tage werden zu einem wichtigen Wendepunkt in Fabers letzter Lebensphase.

Wendepunkt in Cuba

Bei der Darstellung dieses Aufenthalts lassen sich drei eng miteinander verbundene Schichten erkennen:

a) Fabers Erleben, seine Freuden und Ängste
b) Menschen und Ereignisse in Habana
c) episodische Vorgänge

Neue Einstellung zum Leben

Zu a) Faber will die Konsequenzen aus seiner bisherigen Lebensweise ziehen und in Zukunft anders leben. Er öffnet sich den Eindrücken der Umwelt und freut sich am Leben. Bezeichnend für sein neues Lebensgefühl sind aber auch Gefühle der Trauer und des Alleinseins. Gedanken an Sabeths Tod und an seine Krankheit kann er nicht unterdrücken.

Zu b) Fabers neue Einstellung zum Leben äußert sich auch in der Art und Weise, wie er die Menschen, die Gegenstände und Erscheinungen, die ihm begegnen, wahrnimmt: Er bewundert ihre Besonderheit und Schönheit. Im Gegensatz zu seinem Verhalten in der nächtlichen Wüste von Tamaulipas öffnet er sich jetzt den vielfältigen Eindrücken, die auf ihn einströmen.

Begegnungen mit Menschen

Zu c) Faber beschreibt drei episodische Vorgänge, nämlich
– seine Begegnung mit einem jungen Vater,
– seine Begegnung mit zwei „Damen“,
– seine Unterhaltung mit dem Mädchen Juana.

In der ersten und dritten Episode beschäftigt sich Faber mit seiner nicht wahrgenommenen Vaterrolle, in der dritten außerdem mit dem Einfluss von Göttern und Dämonen. In der zweiten Episode erlebt er das Versagen seines Körpers, mit dem er sich abfindet. Er findet sich am Ende seines Cuba-Aufenthaltes auch mit der Vergänglichkeit ab und verzichtet auf das Filmen.

Filmvorführung in Düsseldorf

Am 15.7. trifft Faber in Düsseldorf ein und spricht bei der Hencke-Bosch AG vor, um die Firma mittels seiner Filme zu „informieren, wie ihre Plantage in Guatemala aussieht“ (201). Da die Filmrollen aber beim Zoll in Unordnung geraten sind, ist Faber gezwungen, sämtliche Filme aus den letzten Monaten zu prüfen, um den Film über Guatemala herauszufinden. So kann er nicht vermeiden, dass auch die Filme laufen, auf denen Sabeth zu sehen ist. Über den Unterschied zwischen reproduzier-

ter Wirklichkeit – Sabeth am Leben – und tatsächlicher Wirklichkeit ist er tief erschüttert, verlässt das Firmenhochhaus überhastet und lässt die Filme zurück, ohne den Guatemala-Film vorgeführt zu haben.
Fabers letzte Station vor Athen ist seine Vaterstadt Zürich, wo er am 16.7. eintrifft, obwohl er da eigentlich „nichts zu tun" hat (209). Zum letzten Mal begegnet er Professor O., der ihn wieder durch sein Aussehen und Verhalten erschreckt. Dann fliegt er über die Alpen nach Mailand und Rom, wo er sich entschließt, seine bisherige Arbeit zu kündigen.

2. Das Krankenhaustagebuch (175 – 220)

Begegnung mit dem eigenen Spiegelbild

Nach dem Hinweis auf seine Krankheit in Caracas und vor der Schilderung seines glücklichen Aufenthaltes in Cuba berichtet Faber, wie er sich im Krankenhaus zu Athen im Spiegel betrachtet und über sein Aussehen erschrickt. Zwar versucht er den Besorgnis erregenden Eindruck zu bagatellisieren, den sein Spiegelbild ihm vermittelt: „[…] es fehlt mir nur an frischer Luft, das ist alles" (187). Dass er in diesem Zusammenhang aber den Tod von Professor O. erwähnt, lässt seine wahren Befürchtungen erkennen.

Erneutes Todesmotiv

Konfrontation mit der Krankheit

Auch in Bezug auf die bevorstehende Operation versucht er sich zu beruhigen: Sie wird ihn, so notiert er für den Leser doppeldeutig, „von sämtlichen Beschwerden für immer erlösen" (178). Zum ersten Male tabuisiert er nicht mehr die Gefahr, aber er glaubt ihr mit Vernunft beikommen zu können: „Wenn es Krebs wäre, dann hätten sie mich sofort unters Messer genommen, das ist logisch […]." (179)

„Diskussion über Technik"

Aber Faber ist innerlich noch nicht ganz in der Lage, seine bisherige Haltung zum Leben grundsätzlich als verfehlt anzusehen. In einem Gespräch „über Technik" (184 f.) interpretiert Hanna seine Lebenseinstellung und sein Verhältnis zu Sabeth als einen „Irrtum", der zu ihm gehöre wie sein Beruf und sein Leben überhaupt, und macht deutlich, dass der Techniker wegen seines additiven Denkens „kein Verhältnis zum Tod" und deshalb auch „kein Verhältnis zur Zeit" habe. Faber begreift nicht oder gibt jedenfalls vor, nicht zu begreifen. Hanna artikuliert in dieser zentralen Textstelle die Kritik an Fabers Technikerkonzept, die der Leser mittlerweile aus eigener Anschauung bestätigen kann.

Verhältnis zu Hanna

Faber versteht auch Hannas Verhalten ihm gegenüber nicht. Als sie ihn am Totenbett ihrer Tochter ins Gesicht schlug, hatte er dies verstanden, hatte er doch ihr „Leben zerstört“ (209). Ihr freundliches Verhalten jetzt ist ihm nicht begreiflich, aber doch tröstlich.
Bei seinem Versuch, sich mittels Statistik über seine Überlebenschancen bei der Operation zu beruhigen, stellt er unvermittelt fest: „Ich werde Hanna heiraten.“ (179) Er will sich also verhalten, als ob nichts gewesen wäre, und täuscht sich über den Ernst seiner Situation hinweg.

Hannas Kindheit und Jugend

Faber lässt sich Einzelheiten aus Hannas Kindheit erzählen, die ihm das Verständnis ihres problematischen Verhaltens Männern gegenüber erleichtern. Er interessiert sich jetzt auch dafür, „wie es bei der Geburt unseres Kindes gegangen ist“, und muss sich von Hanna sagen lassen, Joachim habe sich verhalten „wie ein richtiger Vater“ (199).

Aufzeichnungen der letzten Nacht

Fabers Aufzeichnungen am Vorabend und in der Nacht vor seiner Operation bilden den Abschluss des Romans. Der Bericht des Tagebuchs seiner letzten Reisen endet zeitlich mit Fabers Ankunft in Athen und erwähnt zuletzt seinen Besuch an Sabeths Grab und seinen Aufenthalt im Krankenhaus, in dem er bleiben musste, obwohl er nur eine Untersuchung verlangt hatte.
In diesen letzten Stunden beschäftigt sich Faber nicht nur mit seinem Zustand, sondern vor allem mit Hannas gegenwärtiger Situation und mit ihrem Verhalten nach Sabeths Geburt. Erst in dieser Nacht gesteht er sich die bisher immer verdrängte Wahrheit ein, dass er sterben wird. Gleichzeitig bekennt er sich zum Leben, an dem er hängt „wie noch nie“ (215). Aber in einer „Verfügung für den Todesfall“ (216) bezieht er den Tod ganz konkret in seine Überlegungen ein. Dieser kleine Text formuliert Fabers Erkenntnis seines verfehlten Lebens und seine auf Grund der vergangenen Ereignisse gewonnene Vorstellung einer technikfernen Lebensweise.

„Verfügung für den Todesfall“

In dieser Stunde der Erkenntnis der Wahrheit findet Faber nur einen Trost: „Ich bin nicht allein, Hanna ist mein Freund […].“ (215) Aber Hanna hat ihre Lebens- und Berufssituation verändert: Sie hat ihre Stellung gekündigt und ihre Wohnung verkauft, wollte Athen ver-

Hannas neue Lebenssituation

lassen, tut es schließlich doch nicht und wohnt jetzt in einer Pension. Ihre Stelle am archäologischen Institut ist nun besetzt, und sie muss sich als Fremdenführerin durchschlagen.

Hannas Verhalten Sabeth gegenüber

Faber notiert, was sie ihm über ihr Verhalten nach Sabeths Geburt und ihr Verhältnis zu Joachim erzählt, und nimmt auf diese Weise Anteil an der Lebensphase, die sie ohne ihn verbrachte. Obwohl sich Joachim nach Sabeths Geburt „wie ein richtiger Vater" verhielt, schaltete Hanna ihn aus der Erziehung „ihrer" Tochter aus. Sie wollte ihr Kind ausschließlich an sich binden und opfert sich in der Folgezeit für „ihre" Tochter auf. Sie erinnert Faber an seine Reaktion vor 20 Jahren, als er von ihrer Schwangerschaft erfahren hatte und „dein Kind, statt unser Kind" sagte (220). Offensichtlich ist sie von dieser und anderen Bemerkungen Fabers so getroffen, dass sie auch bei sich schuldhaftes Verhalten Sabeth und ihm gegenüber erkennt und ihn um Verzeihung bittet.

Hannas Verhalten gegenüber Faber

Faber hofft kurz vor seinem Tod wieder, die Operation zu überleben, und will sein Leben mit Hanna in Athen verbringen. Mittlerweile versteht er sie viel besser als früher, aber in der Vertrautheit bleibt ein Rest unauflösbarer Fremdheit. Und er beendet seine Aufzeichnungen mit der abschließenden Vorausdeutung, die es dem Leser überlässt, sich vorzustellen, was geschehen wird: „Sie kommen." (ebd.)

2 Analyse und Interpretation

Zeitstruktur und Erzählperspektive

Zeitverhältnisse und Erzählweise

KURZINFO

Zeitverhältnisse

- Assoziatives Erzählen: Anordnung der Handlungselemente durch den Autor entsprechend dem psychischen Prozess des Ich-Erzählers.
- Unterscheidung von fünf unterschiedlich gewichteten Zeitebenen, die den beiden (Lebens-)Stationen des Ich-Erzählers Walter Faber zugeordnet sind.
- In der „Ersten Station": Darstellung der Ereignisse aus der Vergangenheit durch Rückblenden und Hinweis auf zukünftige Ereignisse durch Vorausdeutungen.
- In der „Zweiten Station": Unterbrechung von Fabers Erlebnisbericht nach Sabeths Tod durch Aufzeichnung über seine gegenwärtige Situation im Krankenhaus.
- Verschachtelte Zeitstruktur als Hinweis auf schicksalhaften inneren Zusammenhang der Ereignisse.
- Nachholen wichtiger Ereignisse aus der Vergangenheit (z. B. Sabeths Unfall) wegen des vergeblichen Versuchs, die Wahrheit zu verdrängen.

Anordnung der Erzählelemente

Eine Erzählung erhält ihre besondere Bauform dadurch, dass der Ablauf der erzählten Zeit auf verschiedene Weise unterbrochen, umgestellt oder aufgehoben wird – entsprechend der Darstellungsabsicht des Verfassers. So lässt der Verfasser Max Frisch für die Anordnung der „Geschichte" des Ingenieurs Walter Faber im Erzählvorgang den psychischen Prozess des zurückblickenden oder in der Zeit schreibenden Ich-Erzählers entscheidend sein. Entsprechend seiner während der Erinnerung auftretenden Assoziationen oder Verdrängungsmechanismen werden die Handlungs- und Reflexionselemente angeordnet. Überblickt man die Anordnung der „Geschichte" auf der Textebene, so lassen sich fünf – allerdings unterschiedlich gewichtete – Zeitebenen unterscheiden:

Fünf Zeitebenen des Romans

1. Die Zeit vor dem 1. 4. 57, die ältere Vergangenheit des Erzählers, vom Ende des Geschehens her gesehen, von der hauptsächlich in der „ersten Station" in stark raffenden Rückblenden berichtet wird. Sie umfasst hauptsächlich die privaten und beruflichen Ereignisse aus Fabers Assistentenzeit an der ETH Zürich (1933–36), also die Vorgeschichte.

2. Die jüngere Vergangenheit des Erzählers. Sie umfasst den Erlebniszeitraum vom 1.4.–28.5.57, also die Hauptereignisse, über die in der „ersten Station“ berichtet wird, bis zum Tode Sabeths.
3. Die Einschübe, Reflexionen, Rückblenden, Vorausdeutungen aus der Zeit des Schreibens der „ersten Station“, also die Gegenwart des Erzählers während seines krankheitsbedingten Hotelaufenthaltes in Caracas (20.6.–8.7.57), auf den erst in der „zweiten Station“ verwiesen wird.
4. Die jüngste Vergangenheit, die Erzählervergangenheit der „zweiten Station“. Sie umfasst als Reisetagebuch den wichtigen Zeitraum vom 1.6.–18.7.57, also die Zeit der zweiten Amerikareise bis zur Rückkehr Fabers nach Athen. Da sie auch die beiden Wochen vor Beginn der Aufzeichnungen in Caracas und den dortigen Hotelaufenthalt mit einschließt, ist sie eng mit der dritten Zeitebene verbunden.
5. Die Krankenhauszeit in Athen mit den Aufzeichnungen vom 19.7.57 bis zum Operationstag Fabers Ende August, also die Gegenwart des Erzählers der „zweiten Station“, in die das Geschehen der jüngsten Vergangenheit mündet.

Diese fünf Zeitebenen sind den beiden (Lebens-)„Stationen“ zugeordnet, in die der fiktive Erzähler Walter Faber seinen „Bericht“ eingeteilt hat.

„Erste Station“: Rückblenden

Der Bericht der „ersten Station“ umfasst die Ereignisse aus der jüngeren Vergangenheit des Erzählers (2. Zeitebene). Er wird an bestimmten Stellen durch Rückblenden und Vorausdeutungen unterbrochen. Die Rückblenden vermitteln ein relativ geschlossenes Geschehen und erschließen dem Leser allmählich die Ereignisse aus der älteren Vergangenheit des Erzählers, den Züricher Jahren (1. Zeitebene). Sie sind meist monologisch als Erzählerreflexion, in einigen Fällen jedoch auch dialogisch als Gespräche Fabers mit anderen Personen gestaltet. Die monologischen Rückblenden sind als protokollartige Zwischenbemerkungen aufzufassen, die Faber selbst, aber auch dem Leser das vergangene Geschehen vergegenwärtigen.

Vorausdeutungen

Die Vorausdeutungen nehmen das zukünftige Geschehen nicht ganz vorweg, sondern deuten es in seinen wesentlichen Punkten nur an. Sie enthalten Ansichten des Erzählers im Hinblick auf das Geschehen, das ihm zum Zeitpunkt der Erinnerung und Niederschrift (3. Zeitebene) wieder gegenwärtig erscheint: die Bekanntschaft mit Sabeth und ihr Tod (2. Zeitebene).

Rückblenden und Vorausdeutungen stehen so für den Leser in einem Spannungsverhältnis: Das vergangene Geschehen wird mit den Hinweisen des Erzählers, der die Zukunft kennt, konfrontiert. Zu Beginn dieser „ersten Station" klaffen Geschehen und Zeitpunkt seiner Niederschrift weit auseinander, etwa zweieinhalb Monate. Am Ende liegt das berichtete Geschehen – der Tod Sabeths – nur noch etwa einen Monat zurück.

„Zweite Station"

Diese Dynamik verstärkt sich in den Aufzeichnungen der „zweiten Station", entstanden in der Zeit vom 19. 7. 57 bis zum Operations- und wahrscheinlichen Todestag Fabers Ende August im Krankenhaus zu Athen. In dieser „Station" ist die „Geschichte" so angeordnet, dass Fabers Bericht von seinen Erlebnissen nach Sabeths Tod (4. Zeitebene, in der Grundschrift gedruckt) regelmäßig unterbrochen wird durch seine Aufzeichnungen über seine gegenwärtige Situation im Krankenhaus zu Athen (5. Zeitebene, Kursivschrift). Letztere informieren über seine derzeitige Denkweise, geben Aufschluss über den Inhalt seiner Gespräche mit Hanna und ergänzen deren Lebenslauf nach 1936 (1. Zeitebene).

Funktion der Einschübe

Zusammenrücken der Zeitebenen

Fabers handschriftliche Einträge stehen in immer größerer zeitlicher Nähe zu den Reiseaufzeichnungen bis Athen, so dass Geschehen und Zeitpunkt seiner Niederschrift immer näher zueinander rücken, bis sie schließlich an dem Zeitpunkt, als er den Operationstermin erwartet, fast zusammenfallen: Faber schreibt von abends 18 Uhr, als sie ihm die Maschine nehmen, bis zum nächsten Morgen, 8.05 Uhr, mit der Zeit. Wenige Stunden vor seinem Tod hat er in seiner Niederschrift die Gegenwart erreicht und die Vergangenheit schreibend aufgearbeitet.

Funktion der Zeitstruktur

Durch diesen Kunstgriff, die Niederschrift an den „Stationen" erst dann erfolgen zu lassen, wenn über das Berichtete hinaus schon ein weiterer Teil des Geschehens abgelaufen ist, ermöglicht es Max Frisch dem Erzähler Walter Faber, seine Ansichten und Lebensauffassungen unter dem Eindruck neuer Erlebnisse zu verändern.

Dem Leser erscheinen die Ereignisse durch diese verschachtelte Zeitstruktur weniger in ihrem äußerlichen Nacheinander, sondern eher als schicksalhafter innerer Zusammenhang.

Nachholtechnik

Noch eine andere Besonderheit der Erzählweise des Romans fällt auf: Faber stellt auch die Ereignisse nicht immer chronologisch dar, sondern lässt manchmal Wichtiges aus, um es später nachzuholen. So berichtet er über die Rückfahrt von Joachims Plantage erst nach dem Abschied von Ivy und vor dem Bericht über die erste Begegnung mit Sabeth: Offensichtlich ist es ihm unangenehm, an die Bestattung Joachims und an die nächtliche Fahrt durch den tropischen Regenwald zu denken.

Beispiele

Faber wird auch erst durch die Erinnerung an seine schlaflose Nacht in Rom (133) dazu gebracht, über die gemeinsame Nacht mit Sabeth in Avignon, die vor der Italienreise stattgefunden hat, zu berichten. Unmittelbar nach der Feststellung, Sabeth sei in sein Zimmer gekommen, verwirrt er den Leser dadurch, dass er vom „Wiedersehen mit Hanna" in Athen schreibt (135), während der Leser über den Unfall Sabeths, der vor Athen stattgefunden hat, erst später erfährt.

Ähnlich verhält sich Faber der Erkenntnis gegenüber, dass Sabeth seine Tochter ist: Auch hier bietet sich die Wahrheit früh an, schon in Italien hätte er sie wissen können, wenn er gewollt hätte. Als er sie dann später nicht mehr ignorieren kann, überrascht er den Leser: „Ich wußte es." (171) Seit wann er sie „wußte", erfährt der Leser nicht. Es handelt sich wohl eher um eine Mischung aus Geahntem und Gefürchtetem.

In der „zweiten Station" verhält sich Faber auf die gleiche Weise seiner Krankheit gegenüber. Zuerst verdrängt er mehrmals seine Todesahnungen, und erst später gesteht er: „Ich weiß alles." (215)

Intention

Diese Nachholtechnik ist von Fabers Intention bestimmt: Faber will die Wahrheit herausfinden, will wissen, wie es zu dem Geschehen, das mit Sabeths Tod endet, gekommen ist, um sich zu entlasten. Gleichzeitig aber fürchtet er die Wahrheit, weil sie ihn belastet, und sucht sie zu verdrängen, solange es ihm möglich ist – bis er dann doch zwanghaft zu ihr zurückkehrt.

Erzählweise: „Erste Station“ (1)

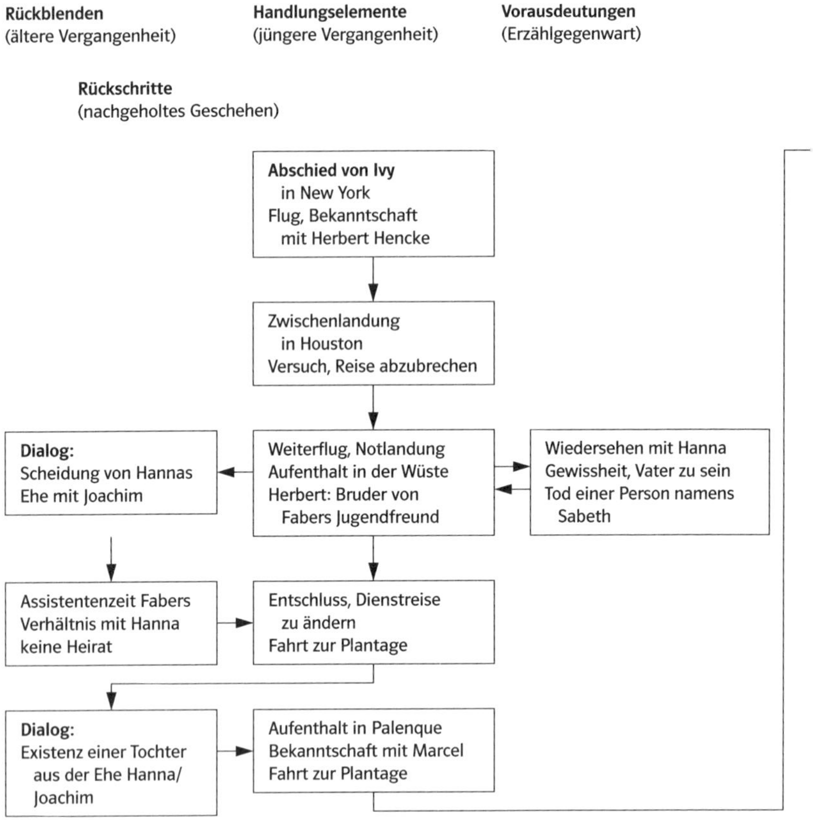

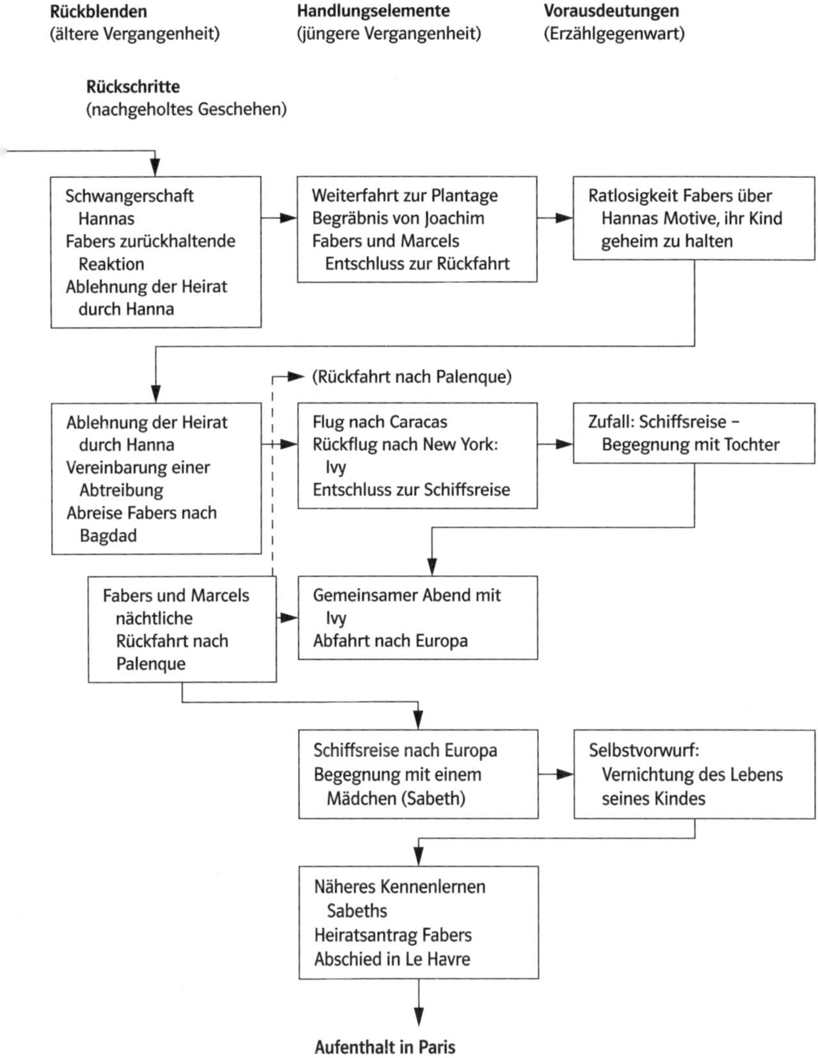
Rückblenden
(ältere Vergangenheit)
Handlungselemente
(jüngere Vergangenheit)
Vorausdeutungen
(Erzählgegenwart)
Rückschritte
(nachgeholtes Geschehen)
Schwangerschaft Hannas
Fabers zurückhaltende Reaktion
Ablehnung der Heirat durch Hanna
Weiterfahrt zur Plantage
Begräbnis von Joachim
Fabers und Marcels Entschluss zur Rückfahrt
Ratlosigkeit Fabers über Hannas Motive, ihr Kind geheim zu halten
(Rückfahrt nach Palenque)
Ablehnung der Heirat durch Hanna
Vereinbarung einer Abtreibung
Abreise Fabers nach Bagdad
Flug nach Caracas
Rückflug nach New York: Ivy
Entschluss zur Schiffsreise
Zufall: Schiffsreise – Begegnung mit Tochter
Fabers und Marcels nächtliche Rückfahrt nach Palenque
Gemeinsamer Abend mit Ivy
Abfahrt nach Europa
Schiffsreise nach Europa
Begegnung mit einem Mädchen (Sabeth)
Selbstvorwurf: Vernichtung des Lebens seines Kindes
Näheres Kennenlernen Sabeths
Heiratsantrag Fabers
Abschied in Le Havre
Aufenthalt in Paris

Erzählweise: „Erste Station“ (2)

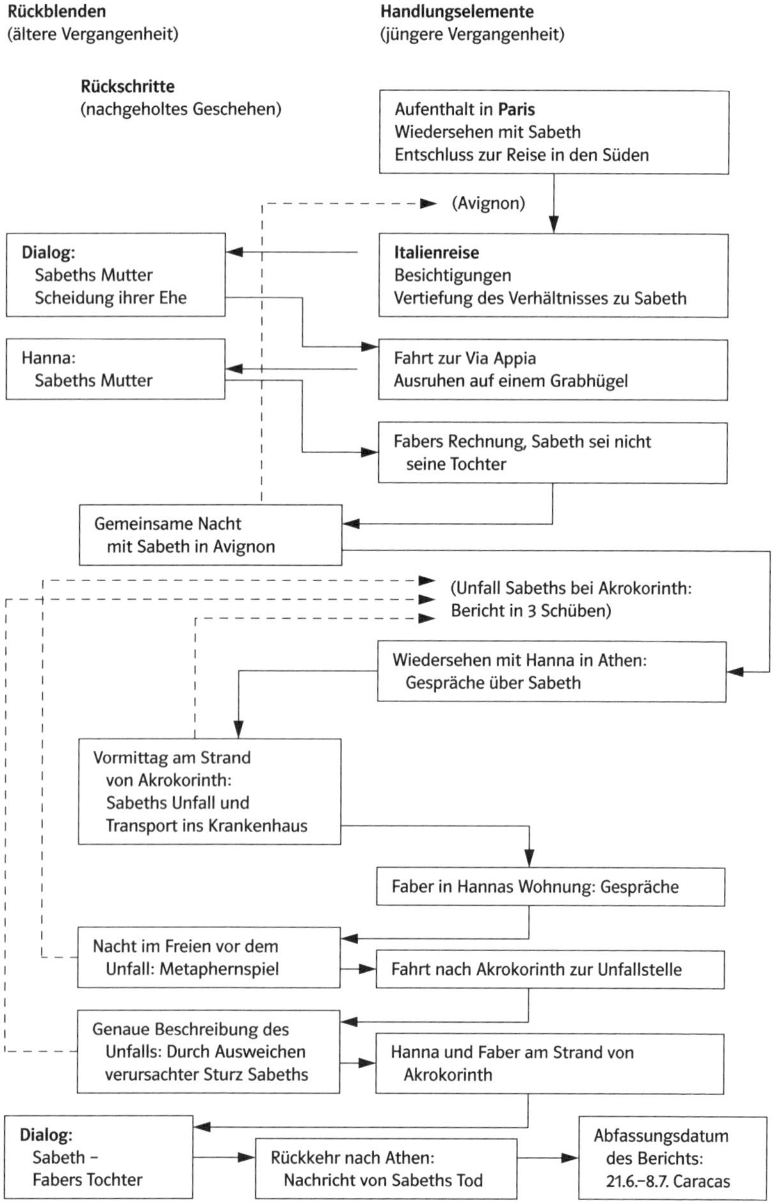

Erzählweise: „Zweite Station“

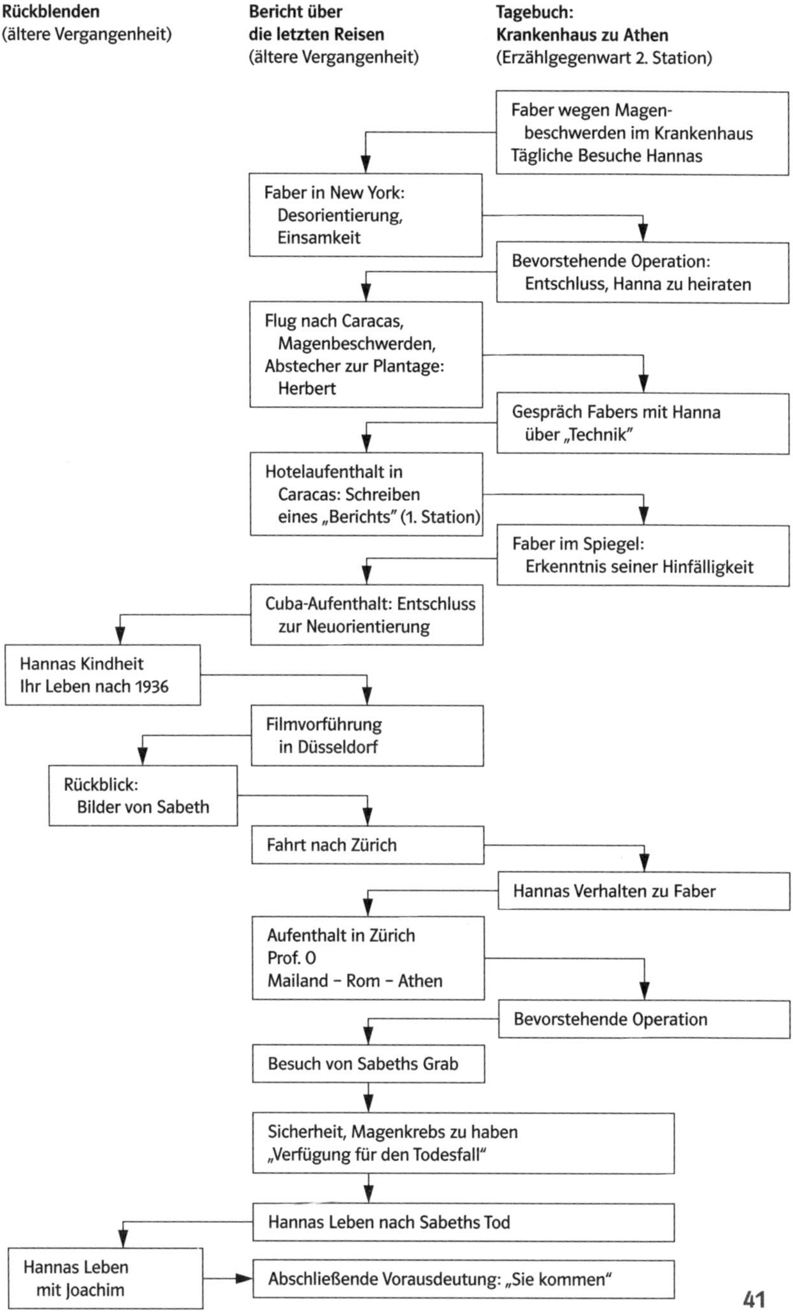

Die Zeitstruktur des Romans

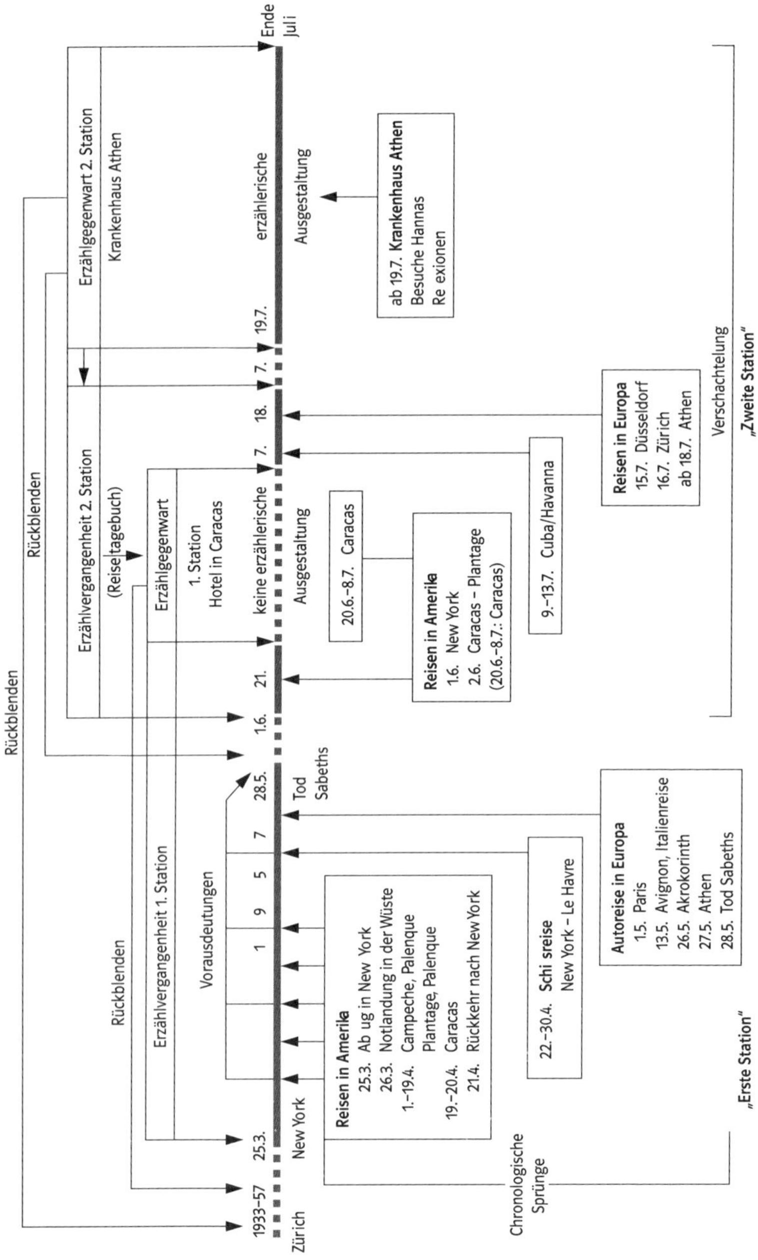

Erzählperspektive und Rolle des Lesers

KURZINFO

Erzählperspektive

- Eingeschränkte Weltsicht durch die subjektive Perspektive des Ich-Erzählers, aber Vermittlung von Unmittelbarkeit an den Leser, dem Möglichkeiten zur Identifikation geboten werden.
- Auktoriale und personale Erzählweise im Roman: Faber organisiert als erinnerndes Ich die Ereignisse, an denen er als erinnertes und erlebendes Ich beteiligt war. Deshalb Möglichkeit zu zukunftsdeutenden Vorausdeutungen.
- Überlagerung von zwei auktorialen Ich-Erzählsituationen in der „Zweiten Station", in deren Reisetagebuch das erzählende Ich der „Ersten Station" erlebendes Ich ist.
- Zusammenfallen der verschiedenen Erzählsituationen im Krankenhaustagebuch, dadurch Möglichkeit des Lesers zu unmittelbarer Anteilnahme am Schicksal Fabers.
- Aber Möglichkeit des Lesers zu kritischer Distanz und zur Erkenntnis von Fabers Fehlverhalten durch den unterschiedlichen Erkenntnisstand von Leser und Ich-Erzähler.
- Ironische Bedeutung der Textsortenbezeichnung „Bericht": Subjektive Darstellung statt erwarteter Mitteilung von objektiven Tatsachen.

Fiktiver Erzähler

Damit aus den Elementen der „Geschichte" der Erzähltext entstehen kann, ist, außer ihrer zeitlichen Strukturierung, auch ihre Perspektivierung durch den fiktiven Erzähler notwendig. Der Standpunkt dieses Erzählers wird vom Autor festgelegt. „Standpunkt" meint den Blickwinkel, die Erzählperspektive, unter der die erzählte Welt gesehen wird.

Kriterien der Erzählperspektive

Die Erzählperspektive lässt sich mit Hilfe folgender Kriterien bestimmen:
1. Er-Erzählung oder Ich-Erzählung?
2. Außen- oder Innenperspektive?

Bei der Außenperspektive werden die Organisation der Elemente der Geschichte und die Sehweise, in der sie erzählt wird, von einem Standpunkt aus bestimmt, der außerhalb der Romanfiguren und des erzählten Geschehens liegt.
Bei der Innenperspektive wählt der Erzähler seinen Standpunkt innerhalb des Geschehens, indem er aus der Perspektive einer Figur die Elemente der Geschichte organisiert.

Auktorialer oder personaler Er-Erzähler

Der Er-Erzähler kann nun die Außen- oder Innenposition einnehmen, je nachdem ob er

- als auktorialer (allwissender) Erzähler souverän Handlungsraum, Zeit, Äußeres und Inneres der Personen von einem Standpunkt außerhalb des Geschehens überblickt und vielleicht noch kommentiert oder
- als personaler Erzähler seinen Standpunkt innerhalb des Geschehens hat, aus dem Blickwinkel einer Person erzählt und unmittelbar an ihren Erlebnissen teilhat.

Auktorialer oder personaler Ich-Erzähler

Der Ich-Erzähler kann ebenfalls beide Positionen einnehmen. Er kann

- als „erinnerndes" Ich die Elemente der Geschichte von einem Standpunkt außerhalb des Geschehens, in dem er als „erinnertes" Ich auftritt, organisieren, also „auktorial" erzählen,
- oder „personal" erzählen, wobei „erinnerndes" und „erinnertes", also erzählendes und erlebendes Ich, zusammenfallen, so dass es nur die Perspektive innerhalb des Geschehens gibt.

Perspektive des Ich-Erzählers

Da der Ich-Erzähler als erkennbare individuelle Person unter anderen Personen in Erscheinung tritt und selbst ein Teil der Welt ist, die er erzählen will, ist seine Perspektive notwendigerweise eingeschränkt und subjektiv. Von inneren Vorgängen kann der Ich-Erzähler nur bei sich selbst berichten, nicht aber bei anderen Personen. Deren Inneres kann nur aus den vom Ich-Erzähler mitgeteilten Vorgängen, Verhaltensweisen und Gesprächen erschlossen werden. Andererseits werden bei der Ich-Erzählsituation dem Leser Identifikationsmöglichkeiten angeboten, und er erhält den Eindruck von Authentizität und Unmittelbarkeit.

Erzählanlass

Beim auktorialen Ich-Erzählen konstruiert der Verfasser oft den Erzählanlass so, dass die Notwendigkeit für ein rückblickendes Erzählen sich aus der Vergangenheit des Erzählers ergibt: Für Frischs Ich-Erzähler Walter Faber besteht die Notwendigkeit, Klarheit über sein vergangenes Leben zu gewinnen und sich Rechenschaft abzulegen.

Erzählsituation

In „Homo faber" findet man sowohl die auktoriale als auch die personale Ich-Erzählsituation – je nachdem, ob der Erzähler auf vergangenes Geschehen zurückblickt oder in der Situation schreibt.

„Homo faber“: Auktoriale Ich-Situation

Als erinnerndes Ich organisiert Walter Faber die Elemente der Geschichte der „ersten Station“ von einem Standpunkt nach dem Geschehen aus – den Reisen, der Bekanntschaft mit Sabeth und deren Tod –, in dem er als erinnertes Ich, als handelnde (Haupt-)Figur auftritt. Der zeitliche Abstand, das Wissen um die Ereignisse erlaubt ihm einmal, das Geschehen von seinem Wissensstand zur Zeit des Schreibens aus – Caracas, Hotel, ca. vier Wochen nach Sabeths Tod – zu kommentieren und zukunftsgewisse Vorausdeutungen zu machen, die den Leser immer mehr über den Ausgang des Geschehens informieren. Dieser weiß z. B. schon zu einem Zeitpunkt, dass Sabeth Fabers Tochter ist, zu dem das erinnerte Ich dies noch nicht wissen konnte. Er weiß auch schon frühzeitig, wie die Beziehung Fabers mit Sabeth endet, wenn er vom Erzähler erfährt, dieser habe das Leben seines „Kindes vernichtet“ (78), und kann seine Aufmerksamkeit ganz auf die Umstände und besonders auf die Verhaltensweisen des erinnerten Ichs bzw. auf die Art ihrer Darstellung durch das erinnernde Ich, den rückblickenden Erzähler, richten.

Wissen des Lesers

Außer diesen vorausdeutenden Elementen sind auch die allgemeinen Reflexionen dem erinnernden Ich der „ersten Station“ zuzuordnen: Es gibt nur die Innenperspektive. Wenn Faber als sich erinnernder Erzähler noch nach dem Tod seiner Tochter in Caracas schreibt, er brauche „keinerlei Mystik; Mathematik“ genüge ihm (23), so erkennt der Leser: Faber hat sich nicht geändert – oder er will eine mögliche Veränderung nicht zugeben.

Subjektive Perspektive

Der sich erinnernde Ich-Erzähler Walter Faber ist als erlebendes Ich selbst Teil der erzählten Welt: Er bringt in subjektiver Perspektive seine Erlebnisse aus der Vergangenheit sowie seine Gefühle und Gedanken aus Vergangenheit und Erzählgegenwart zur Darstellung. Andere Personen, Hanna, Sabeth, Ivy, Herbert Hencke, werden so geschildert, wie sie ihm in der Rückschau erscheinen. Ihre inneren Vorgänge können vom Leser nur aus den von Faber erinnerten Äußerungen und Verhaltensweisen erschlossen werden.

Überlagerung von Ich-Erzählsituationen

Das Besondere der Romanstruktur besteht nun darin, dass sich einmal zwei auktoriale Ich-Erzählsituationen überlagern: Das erzählende Ich der „ersten Station“ ist gleichzeitig erlebendes Ich des Reisetagebuchs der „zweiten Station“: Faber erinnert sich im Krankenhaus zu Athen nicht nur an die Geschehnisse und Probleme, die ihm nach der Zeit des Schreibens der „ersten Station“ in Caracas wichtig waren, an Cuba und die letzten Europareisen, sondern auch an die Ereignisse und Probleme, auf die er im Hotel in Caracas noch nicht eingegangen war: an die zweiten Reisen nach New York und zur Plantage.

Wieder überblickt der sich erinnernde Ich-Erzähler das Geschehen von einem Standpunkt nach den Ereignissen. Das Wissen um seine Situation im Krankenhaus lässt ihn zu andern Urteilen und Meinungen über das vergangene Geschehen und über seine früheren Verhaltensweisen kommen, als das noch in Caracas der Fall war, wo er zwar den Ausgang seiner Begegnung mit Sabeth kennt, jedoch noch nicht ganz die Fragwürdigkeit seiner Lebens- und Weltanschauung erkannt hat. Dies geschieht erst eine Woche nach Caracas, in Cuba, und die Absage an seine Techniker-Rolle gelingt ihm erst endgültig unmittelbar vor seinem Tode im Krankenhaus zu Athen. Der sich hier erinnernde Ich-Erzähler Walter Faber kann so – zumindest teilweise – die Meinungen des sich in Caracas rückerinnernden Ich-Erzählers Faber korrigieren. Allerdings tauchen neue Positionen nicht plötzlich auf, sondern deuten sich schon im Erzählerbericht der „ersten Station“ an, ebenso wie Faber bis fast zum Schluss Züge des einseitig rational orientierten Technikers beibehält.

Personale Ich-Erzählsituation

Diese Verschachtelung von zwei einander folgenden auktorialen Ich-Erzählsituationen wird noch ergänzt durch die zusätzliche Verwendung der personalen Ich-Erzählsituation in der „zweiten Station“: Faber unterbricht im Krankenhaus zu Athen ständig seinen Reisebericht über die jüngste Vergangenheit und notiert in einem Tagebuch die Besuche Hannas, den Inhalt der Gespräche mit ihr und seine Gedanken und Gefühle. In diesem Krankenhaustagebuch fallen erinnerndes und erinnertes, erzählendes und erlebendes Ich zusammen.

Bedeutung der Innenperspektive

Am Ende seines Lebens gibt es für Faber nur noch die Perspektive innerhalb des Geschehens. Der Leser nimmt somit nicht nur an durch die Rückschau gefilterten Geschehnissen und Gedanken Anteil, sondern erlebt jetzt unmittelbar Fabers innere Situation, seine Absage an seine bisherige Lebensauffassung mit.

Verhältnis zwischen Leser und Ich-Erzähler

Dem Verhältnis Leser/Ich-Erzähler kommt in Ich-Erzählungen eine besondere Bedeutung zu. Ich-Erzählungen legen eine Identifikation des Lesers mit dem Erzähler nahe. Sie stellt sich auch in „Homo faber" ein: Der Leser ist geneigt, mit dem Erzähler zu fühlen, an seinen Erlebnissen Anteil zu nehmen und über seine Probleme zu reflektieren. Er erlebt von daher Fabers Unruhe, Zweifel, Ahnungen, Irrtümer und Versuche, dem Rollenzwang zu entgehen – besonders im Krankenhaustagebuch der „zweiten Station".

Identifikation des Lesers mit dem Ich-Erzähler einerseits

Andererseits ist der Leser auch zur kritischen Überprüfung des Dargestellten aufgefordert, hat er die Aufgabe, Faber als erinnerndes Ich zu korrigieren sowie Ungereimtheiten und Widersprüche zwischen dessen Aussagen einerseits und Verhaltensweisen andererseits festzustellen.

Kritische Distanz zum Ich-Erzähler andererseits

Der Leser der beiden „Stationen" weiß durch die besondere Art der Darstellung mehr über Verhalten und Motive des Ich-Erzählers, als diesem selbst bewusst ist bzw. als er wissen lassen will: Er erkennt die Fadenscheinigkeit von dessen Erklärungsversuchen und die Fragwürdigkeit der „Zufälle".

Erkenntnis des Lesers

Fabers Interesse konzentriert sich, seinem Selbstverständnis als Techniker entsprechend, allein auf die sichtbaren und rational fassbaren Zusammenhänge. Dadurch, dass er diese Zusammenhänge im „Bericht" herzustellen versucht, erkennt der Leser den dahinter verborgenen „schicksalhaften" Zusammenhang. Je mehr Faber mögliche Schuld fernhalten will und Ausreden, Ausflüchte, Fakten und Berechnungen bringt, die seine Schuldlosigkeit beweisen sollen, umso deutlicher wird dem Leser Fabers Fehlverhalten. Das Arrangement des Geschehens durch den Autor Max Frisch ist so gestaltet, dass der Leser hinter dem „Bericht", der die Sinnbezogenheit des Daseins widerlegen will und, so lange es irgendwie geht, am „Bildnis" einer erklärbaren Welt festhält, gerade diese Sinnbezogenheit des Daseins, seine Abhängigkeit von irrationalen Kräften erkennt.

Distanz

Durch dieses Mittel, zwischen Ich-Erzähler und Leser einen unterschiedlichen Erkenntnisstand zugunsten des

Lesers herzustellen, schafft der Verfasser Max Frisch Distanz zwischen beiden und verhindert eine unkritische Identifikation des Lesers mit dem Ich-Erzähler.

Textsorten

Rollenroman

„Homo faber" ist ein Rollenroman. Der Verfasser Max Frisch entwirft die fiktive Figur des Berichterstatters bzw. Erzählers Walter Faber, der in Ich-Form über die letzten vier Monate seines Lebens schreibt. Die Fiktion, dass es sich um die Aufzeichnungen des Ingenieurs Faber handelt, wird im Untertitel „Ein Bericht" angedeutet. Für den Leser bedeutet dies, dass er an keiner Stelle des Textes irgendwelche Äußerungen für die von Max Frisch halten darf, sondern dass der Text als „Bericht" Walter Fabers zu lesen ist, dessen Wertmaßstäbe und Erlebnisse mit denen des Verfassers Max Frisch nichts zu tun haben müssen.

Mögliche Gründe für die Wahl der Textsorte

Warum wählt der Verfasser diese für einen Roman unübliche Textsortenbezeichnung?

1. Der von Max Frisch entworfene fiktive Schreiber des „Berichts", Walter Faber, ist Naturwissenschaftler, und für einen solchen ist der „Bericht" die geläufige Form der Fixierung von Vorgängen und Erlebnissen.
2. Dem Leser wird der Eindruck objektiver Geschehenswiedergabe vermittelt. Er erwartet eine Mitteilung von Tatsachen und keinen Roman mit erfundenen Ereignissen.

In dieser Erwartungshaltung wird der Leser allerdings während seiner Lektüre gründlich getäuscht. Er muss feststellen, dass der Text den Erfordernissen der Textsorte „Bericht" nicht entspricht: Statt linearer Chronologie findet er zeitliche Verschachtelung. Der Erzähler „springt" hin und her, je nachdem, wie ihm Erinnerungen und Reflexionen in den Sinn kommen. Faber schreibt selten objektiv, wie er behauptet, sondern meist sehr subjektiv, und auch die Genauigkeit der Darstellung lässt trotz der Zeit- und Ortsangaben immer wieder zu wünschen übrig. Zwar will er sich Klarheit verschaffen

- über sein Leben und seine Denkweise,
- über die Ereignisse der letzten Monate vor und nach dem Tod seiner Tochter,
- über die Ereignisse vor 20 Jahren, die mit dem

Geschehen der letzten Monate in Zusammenhang stehen,

aber dieser Wille zur Wahrheit kann sich erst spät gegenüber dem Wunsch zur Rechtfertigung durchsetzen. Adressat des „Berichts“ ist also weniger der Leser als Faber selbst.

„Zweite Station“: Bericht und Tagebuch

In der „zweiten Station“ stehen die Tagebuchnotizen Fabers aus dem Krankenhaus in einer gewissen Spannung zu den Stücken seines Berichts über die zweite Reise nach Amerika. Im Gegensatz zum Schreiber des Tagebuchs hat der Leser Zuordnungsschwierigkeiten. Er erfährt zwar Ort und Zeit der Niederschrift: „Athen, Krankenhaus – Beginn der Aufzeichnungen 19. Juli“ (175), kennt jedoch zu diesem Zeitpunkt noch nicht den näheren Zusammenhang. Erst einige Seiten später erfährt er: „Meine Operation wird mich von sämtlichen Beschwerden für immer erlösen“ (178) und kann vermuten, dass Faber im Anschluss an seine zweite Amerikareise nach Athen zurückgekehrt ist und sich im Krankenhaus einer Magenoperation unterziehen will. Diese Spannung zwischen Tagebuch- und Reiseberichtebene löst sich erst auf, als der Leser den Zusammenhang erkennt und den Wissensvorsprung des Tagebuchschreibers Faber rekonstruierend einholt.

Bedeutung der Tagebuchform

Diese subjektive Tagebuchform der „zweiten Station“ steht, äußerlich gesehen, im Gegensatz zur objektiven Textsorte „Bericht“. Andererseits

- erlaubt sie, den Standpunkt des Erzählers mehrfach neu festzusetzen,
- ist sie für Faber in seiner Situation die adäquate Möglichkeit, sich selbst über seine Zweifel, Irrtümer und Ansichten klar zu werden,
- ist sie ein Kunstgriff des Verfassers Max Frisch, den Leser in Fabers Bewusstsein sich hineinversetzen zu lassen.

Die Tagebuchform wird auch sprachlich-inhaltlich konsequent durchgeführt. So scheut sich Faber nicht, seine Klischees und Vorurteile niederzuschreiben, z. B. in Bezug auf die amerikanische Lebensweise.

Art und Funktion des „Berichts“

Der durch den irreführenden Untertitel in seiner Erwartungshaltung getäuschte Leser erkennt während und nach seiner Lektüre des Romans, dass der Textsortenbezeichnung „Bericht“, vom Verfasser her gesehen, eine ironische Bedeutung zukommt: Faber schreibt eher eine „Geschichte“, die er für sein Leben halten will. Er will sich – und auch Hanna – beweisen, dass er weder am Inzest noch am Tod seiner Tochter schuld ist. Somit kommt dem Schreiben des „Berichts“ immer mehr die Funktion psychischer Entlastung zu.

Die Bildnis-Problematik als Thema des Romans

Rolle, Bildnis, Identität

KURZINFO

Rolle, Bildnis, Identität

- Frischs Begriff „Bildnis": gesellschaftlich vermitteltes Rollenbild des Menschen von sich selbst und von anderen, das den Zugang zum Ich und zum anderen verstellt, ihnen keine Möglichkeit einer Veränderung gibt und zu einer verfehlten Existenz führt.
- Deshalb: Notwendigkeit der Selbstannahme, des Durchbruchs zu Wahrheit und Identität durch die Liebe, die für Frisch das „Bildnis" zerbricht.
- Titel des Romans: Walter Faber als Beispiel des von der technischen Welt geprägten Menschen, der deren Kategorien auf sich und seine Umwelt anwendet.
- Fabers Selbstbild: realitätsbezogener Techniker, der im Gegensatz zu gefühlsbetonten Menschen die objektive Wirklichkeit erfassen kann und die „Dinge" sieht, „wie sie sind".
- Fabers Weltbild: geschlossen, Ausschluss alles Bedrohlichen, Angst vor dem Unberechenbaren, Flucht ins „Übliche", Hochschätzung der Statistik, Verkürzung der Realität auf den rationalen Bereich.
- Zwanghafte Ablehnung des Emotionalen in Erlebnis, Natur, Kunst und zwischenmenschlichen Beziehungen, Kontaktschwierigkeiten, problematisches Verhältnis zu Frauen (Ivy), Gefühlsarmut, Bindungsscheu, Reduktion von Liebe auf – von ihm abgelehnte – Sexualität.

Rollenbegriff in der Soziologie

Der Soziologe Ralf Dahrendorf vergleicht die soziale Welt mit der Bühne und die handelnden Menschen mit Spielern. Er vertritt die Theorie, das Handeln der Menschen sei etwas Äußerliches, das man von seinem eigentlichen Selbst ablösen kann. Der Mensch könne sich nur als Rollenträger gesellschaftlich verwirklichen, und die Sozialisation bewirke den Prozess der Rollenaneignung. Das heißt: Durch die Auseinandersetzung mit seiner privaten und öffentlichen Umgebung nimmt der Mensch bestimmte Verhaltensweisen an, bewusst oder unbewusst, und wird so zu einem Rollenwesen, das Schwierigkeiten hat, zu seiner eigenen Identität zu finden. Das Rollenbild, das der Mensch sich von sich selbst macht und das den Zugang zu seinem eigentlichen Selbst verstellt, bezeichnet Frisch als „Bildnis". Hinter diesem „Bildnis" verbirgt sich die wahre Identität des Menschen, und der Mensch

Frischs „Bildnis"-Begriff

als Rollenwesen besitzt lediglich eine Scheinidentität und führt eine verfehlte Existenz. Seine Aufgabe ist es, sich zum eigentlichen Selbst, zum „wirklichen Leben" durchzuringen, wie es in Frischs Roman „Stiller" heißt.

Gesellschaftliche Vermittlung

Dieses „Bildnis" des Menschen von sich selbst ist zum großen Teil gesellschaftlich vermittelt: Der Mensch erlebt die Erwartungen und Reaktionen seiner Umwelt, die sein Verhalten interpretiert, und richtet sich danach – oder gerade nicht. Damit lässt er sich von der Umwelt in ein bestimmtes Muster, in ein „Klischee" zwingen. Das Selbstbild, die Rolle eines Menschen, ist also in starkem Maße die Auswirkung des Bildes, das sich die Gesellschaft von ihm macht, der Rolle, in der sie ihn sehen will. Frisch:

> „In gewissem Maße sind wir wirklich das Wesen, das die andern in uns hineinsehen […] und umgekehrt: Auch wir sind die Verfasser der anderen […]." (Max Frisch, *Tagebuch 1946–49*, München: Knaur, 1971, S. 27 f.)

Religiöse Begründung des Bildnisverbots

Max Frisch greift bei diesen Vorstellungen auf das alttestamentarische Verbot zurück, sich von Gott ein Bildnis zu machen, weil kein Bildnis imstande ist, Gott in seiner grenzenlosen Unbedingtheit zu erfassen. Frisch legt diese Besonderheit Gottes in den Menschen. Gott ist „das Lebendige in jedem Menschen" (*Tagebuch*, S. 30), und deshalb gilt das Bildnisverbot auch für den Menschen: Es ist eine Sünde, sich von seinen Mitmenschen ein Bildnis zu machen:

> „Das ist das Lieblose, der Verrat." (*Tagebuch*, S. 27)

Bedeutung der Liebe

Die einzige Möglichkeit, die Frisch sieht, die erstarrende Wirkung eines Bildnisses zu vermeiden oder aufzuheben, ist die Liebe. Sie „befreit aus jeglichem Bildnis", und sie ermöglicht es, den Mitmenschen, den Partner in seiner widersprüchlichen Komplexität zu ertragen, und ist bereit, ihm „in allen seinen möglichen Entfaltungen" zu folgen (*Tagebuch*, S. 26).

Wirkung des „Bildnisses"

„Bildnis" bedeutet also für Frisch ein erstarrtes, unflexibles Bild von sich selbst, von andern und von der Welt, wodurch dem Ich oder den andern die Möglichkeit der Entwicklung oder Wandlung abgesprochen wird. Damit sind nicht die Vorstellungen und Bilder gemeint, die sich der Mensch zu seiner Orientierung in der Welt machen muss. Das starre „Bildnis" grenzt den Spielraum des Menschen ein und reduziert Selbst-, Fremd- und Weltbild allein auf das dem „Bildnis" Gemäße. Der Mensch gestaltet und deutet sein Leben, sein Verhalten sich, den andern und der Welt gegenüber so, wie es die von ihm angenommene bzw. gesellschaftlich vermittelte Rolle von ihm fordert. Er lässt nur die Gegebenheiten und Erinnerungen in seiner Lebensgeschichte gelten, die seinem gegenwärtigen Selbstbild entsprechen, und verdrängt, verfälscht oder ignoriert das, was nicht zur Rolle passt: Er erfindet sich eine „Geschichte", die er „für sein Leben hält", wie Frisch sagt.

Identität liegt jenseits des „Bildnisses"

Diese „Geschichte" verstellt dem Menschen den Weg zur Realität. Kann er sie überwinden, sich von ihr frei machen, so bedeutet dies für den Menschen eine Annahme seines eigenen Wesens, einen Durchbruch zur Wahrheit, zur Identität. Nur im Ich vollzieht oder verfehlt sich für Frisch das menschliche Leben. Deshalb kommt der Selbstannahme große Bedeutung zu. Sie muss jedoch immer neu vollzogen werden, und zwar dadurch, dass hinter den verstellenden Bildnissen das wahre Ich erkannt und gewählt wird. In dieser Selbstwahl äußert sich die Würde des freien Menschen. Wer sich selbst gewählt und so von Bildnissen befreit hat, kann auch den Tod akzeptieren, der zum Leben gehört, und wer sich selbst verfehlt, muss immer Angst vor dem Tod haben.

Einstellung zum Tod

Fabers Bildnis von sich und der Welt

Fabers Selbstbild

Rolle des Technikers

Faber formuliert an verschiedenen Stellen seines „Berichts" das „Bildnis", das Selbstkonzept, das ihn in seinem Verhalten und Handeln leiten soll. Zum ersten Mal bekennt er sich zur Rolle des Technikers, als er rückblickend die Notlandung in der Wüste beschreibt. Er fragt sich,

> „was die Leute eigentlich meinen, wenn sie von Erlebnis reden. Ich bin Techniker und gewohnt, die Dinge zu sehen, wie sie sind." (25)

Faber meint also, dass er die Erscheinungswelt als objektiv gültige Wirklichkeit erfassen kann. Er ist von den

Erscheinungen der nächtlichen Wüste nicht ergriffen, wie er sagt, sondern sucht nach Erklärungen, die einem Techniker entsprechen:

> „Ich finde es nicht fantastisch, sondern erklärlich." (26)

Verhalten

Zum Techniker gehören also Realitätsbezug, rationales Erfassen und damit Beherrschen der Umwelt, zum Nicht-Techniker „hysterisches“ Verhalten, „Angst“ aus „bloßer Fantasie“, also irrationales Verhalten, das Faber als „mystisch“ bezeichnet (27). Faber betrachtet sich als einen Menschen, der konsequent technisch lebt und mit rationalem Denken und Verhalten Ernst macht:

> „Ich halte es mit der Vernunft. Bin kein Baptist und Spiritist." (87)

Technische Attribute

Als Ausdruck dieses technikbestimmten Verhaltens sind die Gegenstände zu sehen, die er immer mit sich führt und die fast zu seinem Wesen gehören: Kamera, Schreibmaschine und Schachspiel. Es sind Zeichen technischer Macht, die es ihm ermöglichen, die Unmittelbarkeit des Lebens und der Natur von sich fernzuhalten.

Rolle des Mannes

Fabers Rolle als Techniker korrespondiert mit einer anderen Rolle, der er ebenfalls voll zu entsprechen glaubt: der des Mannes. In den Bericht über die Abschiedsparty an Bord fügt er ein:

> „Ich lebe, wie jeder wirkliche Mann, in meiner Arbeit." (98)

Und als er sich an das Frühstücksgespräch auf dem Schiff mit dem kunstbeflissenen Baptisten und Sabeth erinnert, schreibt er:

> „Ich stehe auf dem Standpunkt, daß der Beruf des Technikers, der mit den Tatsachen fertig wird, immerhin ein männlicher Beruf ist, wenn nicht der einzigmännliche überhaupt." (83)

Zur Rolle des „wirklichen Mannes“, wie Faber sie spielen will, gehören bestimmte Merkmale, die er sich zuschreibt: Er ist eine interessante Erscheinung, „ein Mann in den besten Jahren, grau, aber sportlich“. Zu diesem „Image“ gehört eine gute körperliche Verfassung:

> „Ich bin nicht gewohnt, zu Ärzten zu gehen, nie in meinem Leben krank gewesen, abgesehen vom Blinddarm –" (107)

Ausdruck seiner seelischen Stabilität ist sein Widerstand allem gegenüber, was mit Stimmung und Gefühl zu tun hat. Da er diese Regungen nicht völlig ignorieren kann, deutet er sie als „Ermüdungserscheinungen! Wie beim Stahl" (100).

Einsamkeit

Der „wirkliche Mann" ist ein freier Mann, der Einsamkeit fast heroisch erträgt:

> „Ich [...] schätze mich glücklich, allein zu wohnen, meines Erachtens der einzigmögliche Zustand für Männer [...]." (98)

Vorbild: Roboter

Er wünscht sich menschliches Leben als ein in sich geschlossenes System aus ermüdungsfreien Materialien, das bis in die Einzelheiten durchkonstruiert ist. Dieses Ideal findet Faber in der Maschine und speziell im Roboter. In ihn projiziert er Eigenschaften, die er auch für sich selbst wünscht: Erlebnis-, Angst- und Irrtumsfreiheit (vgl. 81).

Selbstbild

Faber zeichnet von sich das Bild des modernen, erfolgreichen Technikers und Mannes, der allein aus den eigenen Möglichkeiten lebt und auf Grund seiner intellektuellen Überlegenheit jede Lebenssituation kontrolliert und auch die Natur beherrscht. Zusammenfassend kennzeichnet er sich:

> „Ich bin nun einmal der Typ, der mit beiden Füßen auf der Erde steht." (50)

Bedeutung des Titels

Diese Selbstdarstellung hält Faber noch in Caracas – nach Sabeths Tod! – für richtig: Er schreibt im Präsens. Sie entspricht dem Typ, den man mit dem Begriff „Homo faber" bezeichnen kann. Diese lateinische Bezeichnung bedeutet, wörtlich übersetzt, „der Mensch als Schmied". Gemeint ist nicht nur der Techniker im engeren Sinne, sondern allgemein der von der technischen Welt geprägte Mensch, der deren Kategorien auf sich, seine Mitmenschen und seine Umwelt anwendet und der das Menschliche damit um seine wesentliche Komponenten verkürzt: um das Vitale und Emotionale.

Fabers Frauenbild

Mitmenschen

Faber kann seine Mitmenschen nicht ertragen und will sie nicht verstehen. In seiner Ich-Bezogenheit kann er sich weder auf sie einstellen noch ihnen emotionale Zuwendung geben. Sie gehen ihm, wie Herbert beim Start in New York, „auf die Nerven“ (8), sind „eine Anstrengung“ für ihn, „auch Männer“ (100). Deshalb will Faber keinen Kontakt und ist „froh, allein zu sein“ (7), am liebsten in engem Kontakt mit technischem Gerät, das er beherrscht, das funktioniert und ihm keine Gefühle abverlangt – wie z. B. sein „Wagen“ (99).

Pauschalurteile über Frauen

Dem Leser fällt auf, dass Faber, wenn er sich über eine Frau konkret äußert, von ihrer Individualität schnell absieht und sich pauschal über sie als Gruppe äußert. So ist ihm „bewußt, daß Ivy, wie jede Frau, eigentlich nur wissen möchte“, was er fühlt oder denkt (32). Oder er urteilt pauschal:

> „Alle Frauen haben einen Hang zum Aberglauben.“ (153)

Durch dieses Klischeedenken befreit er sich von der Notwendigkeit, der jeweiligen Individualität gerecht zu werden. Belastend und lästig für den „wirklichen Mann“ Walter Faber ist das Gefühls- und Anlehnungsbedürfnis der Frauen, die Sachlichkeit bei Männern „nicht vertragen“ (99) und kein Verständnis für den Wunsch des Mannes haben, um seiner Freiheit und Selbständigkeit willen allein zu sein: „Wo ist die Frau, die das begreift?“ fragt er und klagt über die weibliche Aufdringlichkeit (98). Noch unangenehmer ist Faber die fordernde weibliche Sexualität. Ohne innere Beteiligung wurde er, wie er schreibt, in seine erste sexuelle Begegnung hineingezogen: „Das war absurd.“ (107)

Frauen und Gefühle

Weibliche Sexualtiät

Sexuelle Kontakte gehen deshalb in der Regel – nach Fabers Darstellung – von der Frau aus, und zwar gegen seinen Willen. Das ist bei Ivy in New York und bei Sabeth in Avignon der Fall. Bei dieser Sehweise ist es verständlich, dass Faber die Geschlechterbeziehung in erster Linie als Kampf um die Überlegenheit sieht.

Bedeutung Ivys

Ivy verkörpert einmal die Welt und die Lebensweise, die zu Faber gehört und die er verlassen will, da sie für ihn offensichtlich einen Riss bekommen hat. Faber formt sie außerdem nach dem Bildnis, das er sich zum Selbstschutz von Frauen allgemein gemacht hat:

> „Ivy heißt Efeu, und so heißen für mich eigentlich alle Frauen.“ (99)

Sie macht Faber den „ewigen Vorwurf“, dass er sie nicht heiratet, obwohl sie verheiratet ist (33). Wenn Faber von ihr sagt, sie sei „eine Art von Amerikanerin, die jeden Mann, der sie ins Bett nimmt, glaubt heiraten zu müssen" (32), so zeigt diese Bemerkung, dass sie für ihn nur in der schmarotzerhaften Bindung an den Mann existiert, ohne den sie nicht leben kann.

Ivys Hang zu Äußerlichkeiten

Faber betrachtet sich als Subjekt und Ivy als Objekt und verbindet sie vorwiegend mit Gegenständen und Äußerlichkeiten. Obwohl er lange mit ihr befreundet ist, weiß er wenig von ihr. Dass er sie nur als sexuelles Wesen und nicht als Persönlichkeit sieht, zeigt seine eigenartige Vermutung: „Vielleicht ist sie lesbisch, vielleicht frigid [...] sie ist nicht dumm, aber ein bißchen pervers." (69) Er schließt seine Beurteilung Ivys mit der Feststellung, die seine Schwierigkeiten zeigt, Sexualität als etwas Natürliches zu empfinden: Ivy war „ein herzensguter Kerl, wenn sie nicht geschlechtlich wurde ..." (69)

Trennung von Ivy

Die relativ ausführliche Art, mit der Faber den letzten Abend in New York schildert, lässt das für ihn typische Denken in Gegensätzen erkennen: Auf Fabers Seite stehen Gefühlsarmut, Freundschaft, Statistik und Wahrscheinlichkeit, auf Ivys Seite Gefühle, Tränen, Zärtlichkeit und „Wahrsagerei" (66).

Fabers Weltbild

Verhältnis Selbstbild – Weltbild

Faber macht sich nicht nur von sich selbst und seinen Mitmenschen ein Bildnis, sondern auch von den Geschehnissen der Welt überhaupt. Einerseits sieht er die Welt entsprechend den Wahrnehmungsmustern, die sich aus seinem Selbstkonzept als Techniker ergeben, und andererseits bestimmt die technisch organisierte Welt sein Wahrnehmungsmuster und sein Selbstverständnis, so dass Selbstbild und Weltbild in einem dialektischen Verhältnis zueinander stehen.

Für Fabers Bewusstsein müssen alle Vorkommnisse ihres besonderen Charakters entkleidet werden, damit sie in das geschlossene Bild einer technisch bestimmten Welt passen. Faber versucht diese notwendige Nivellierung dadurch zu erreichen, dass er alles, was ihm begegnet, als „üblich" bewertet (vgl. 7, 8, 10, 11, 13, 14, 16, 20 und öfter). Damit will er sich einreden, dass die Geschehnisse nicht neu, einmalig, sondern schon vorgekommen, bekannt sind, dass es sich um bloße Wiederholungen handelt, die in sein geschlossenes Weltbild,

Das „Übliche"

das er sich zu seinem Schutz konstruiert hat, einzuordnen sind.

Dualistisches Weltbild

Wenn Faber sich selbst als „Techniker“ kennzeichnet, der „gewohnt“ ist, „die Dinge zu sehen, wie sie sind“ (25), so will er damit seine vorurteilsfreie und objektive Sehweise der Welt verdeutlichen. Der Leser erkennt aber schon durch den Kontext dieser Aussage – sie leitet die Betrachtung der nächtlichen Wüste von Tamaulipas ein –, dass Faber diese Erscheinungen der Welt aus Angst vor dem Erleben-Müssen auf ihre rationale Komponente verkürzt und damit verfälscht. Faber bringt Beispiele, die seine Sehweise der „Dinge“ und die der „Leute“ verdeutlichen, und stellt gegenüber:

Seine Perspektive	**Perspektive der „Leute“**
Erklärung genau sehen Dinge, wie sie sind ich weiß	Angst, Fantasie Erlebnis weibisch, hysterisch mystisch

Denken in Oppositionen

Die Gegenüberstellung macht deutlich: Faber denkt in gegensätzlichen Kategorien, in Oppositionen. Mittels dieser Oppositionen verarbeitet er die Eindrücke und Ereignisse in seinem Leben:

- auf der einen Seite steht die technisch bestimmte, rationale Welt, von ihm positiv bewertet;
- auf der Gegenseite steht die „andere“, irrationale Welt, die von ihm negativ bewertet wird.

Durch diese Kategorisierungstechnik wählt Faber aus der Fülle der Erscheinungen die aus, die in sein Gegensatzschema passen, und ignoriert die anderen, die sich dieser Einordnung entziehen.

Reduktion der Wirklichkeit

Faber reduziert so die ungeheure Menge von Erlebnissen und Eindrücken, die Komplexität des Lebens und sieht die „Dinge“ nicht so, „wie sie sind“, sondern so, wie er sie entsprechend seinem Selbstbild als Techniker und dem damit verbundenen antithetischen Denken sehen will. Damit verzerrt er die Wirklichkeit und lebt an ihr vorbei.

„Mystik“

Den Gegenbegriff zu seiner technischen Sehweise formuliert Faber selbst im Anschluss an seinen Versuch, seine Sehweise der nächtlichen Wüste als die richtige hinzustellen: „mystisch“. Damit meint er eine Weltanschauung, die Leben und Natur nicht unter zweckrationalen, sondern unter sinngebenden und gestalthaften Aspekten betrachtet.

Natur

In der Natur begegnet dem Ingenieur, der mittels Technik seine Umwelt beherrschen will, eine feindliche Macht. Faber erlebt sie als Wüste, als Dschungel und auch in dem Natürlichen am Menschen.

Wüste

In der Wüste ist Faber in extremer Weise isoliert und verunsichert. Es macht ihn „nervös", „daß es […] keinen Strom gibt, kein Telefon, keinen Stecker, nichts" (29). Dafür gibt es „Irrsinnshitze", „Wind", „Tiere", „Sand" (ebd.). Fabers Versuch, sich mit technischen Mitteln zu wehren, scheitert: Rasieren kann er sich wegen des fehlenden Stroms nicht, und „zu filmen gab es überhaupt nichts" (ebd.). Stärker noch als durch die Wüste wird Faber durch den Dschungel beeinflusst: Er lähmt ihn und macht ihn „unfähig zu irgendeinem Entschluß" (40). „Apathie" ist für ihn dort „einzig möglicher Zustand" (ebd.).

Dschungel

Natur als Feind

Für Faber präsentiert sich im Dschungel die Natur, die er als Techniker mit allen Mitteln bekämpft: als untrennbares Ineinander von Zeugung, Geburt, Leben und Tod:

> „Brunst oder Todesangst, man weiß es nicht." (45)

Sie ist der aggressive Feind des rational bestimmten Menschen und trieb nach seiner Ansicht seinen Jugendfreund Joachim in den Tod: Er hat „einfach dieses Klima nicht ausgehalten" (59).

Natur als Projektion

Fabers affektive Sehweise der Dschungelnatur lässt sich daher erklären, dass er in sie seine unterdrückten und verdrängten Triebe, Gefühle und Ängste projiziert. So wie die Natur wird und stirbt, so entsteht und vergeht auch der Mensch, und der Gedanke daran, selbst Teil der vegetativen Natur zu sein, zu der auch der Tod gehört, ist Faber unerträglich: Weil er Angst vor dem Tod hat, hasst er die Natur und das Natürliche am Menschen und will es unterdrücken, verdrängen. Deshalb auch sein Rasierdrang: „Ich habe […] das Gefühl, ich werde etwas wie eine Pflanze, wenn ich nicht rasiert bin." (29)

Polaritäten

Für Faber stehen auf der einen Seite das männliche Geschlecht, Technik und Leben, auf der anderen Seite das weibliche Geschlecht, Natur und Tod.

Die extreme Fruchtbarkeit des Dschungels ist für Faber nur deshalb so negativ besetzt, weil er durch sie an die menschliche Sexualität erinnert wird, die er am liebsten verdrängt. Sexualität ist für ihn „geradezu pervers" (101). Die Nötigung durch „Trieb" passt nicht in das Selbstkonzept des Technikers, der auch das Natürliche in sich beherrschen will, weil er Angst vor ihm hat. Dass dies Faber nicht gelingt, wird in der Nacht vor dem Abschied von Ivy deutlich. Sie verführt ihn, und er stellt irritiert fest: „Ich weiß nicht, wie es wieder kam –" (71). Er „fürchtete" weniger Ivy, wie er sagt, sondern seine eigene Verführbarkeit und damit den Bruch seines Selbstbildes: Zum Techniker als „Beherrscher der Natur" (116) gehört Kontrolle der Sexualität.

Kunst

In Marcel, seinem Gefährten auf der Dschungelreise, begegnet Faber einer andern Art und Weise, sich der Natur gegenüber zu verhalten: der Kunst. Er ordnet den Künstler Marcel der andern Seite zu, der „Mystik". Für Marcel gilt fast das gleiche Oppositionsdenken wie für Faber, nur mit andern Vorzeichen: Alles, was für Faber positiv ist, Technik und was zu ihr gehört, ist für Marcel negativ – und umgekehrt.

Marcel strebt nach einer gestalthaften Betrachtung und Sinngebung des Lebens. Er will die Natur nicht beherrschen, sondern sich ihr annähern und auch dem Tod eine Bedeutung zuerkennen. Damit steht er für den Techniker Faber auf der gleichen Seite wie die Indios. Denn, so bringt er in einem Gespräch auf der Überfahrt den Gegensatz Kunst – Technik auf einen Nenner:

Kunst – Technik

> „Die Primitiven versuchten den Tod zu annullieren, indem sie den Menschenleib abbilden – wir, indem wir den Menschenleib ersetzen. Technik statt Mystik!" (84)

„Bild" der Welt

Das „Bildnis", das sich der Techniker Walter Faber von der Welt macht, ist gekennzeichnet durch Rationalität, Zweckmäßigkeit, Durchschaubarkeit und Geschlossenheit. Wenn alles Mögliche und Unwahrscheinliche sich mathematisch erfassen lässt, so wird es beherrschbar und verliert seine Bedrohlichkeit. Bei dieser Betrachtungsweise gibt es für Faber nur durch den „Zufall" hervorgerufene unglückliche „Konstellationen" von Ereignissen, die das Netz des „Üblichen" durchkreuzen und denen Sabeth schließlich zum Opfer fällt.

Bedeutung der Statistik

Faber glaubt auf Grund dieses Wahrscheinlichkeitsdenkens, dass die Statistik auch im Bereich des Lebens und der zwischenmenschlichen Beziehungen eine legitime

Aufgabe erfüllt. Die, das Bedrohliche auf einen minimalen Stellenwert zu reduzieren und damit den Menschen zu beruhigen. Solche Beruhigungsversuche unternimmt Faber zweimal in entscheidenden Situationen: Einmal will er Hanna in Bezug auf Sabeths Zustand beruhigen, indem er von der geringen „Mortalität bei Schlangenbiß" (141) redet. Aber sie belehrt ihn über die Einmaligkeit und Besonderheit des Lebens, dem nicht mit Statistik beizukommen sei.

In einer andern entscheidenden Situation befindet sich Faber später selbst: Im Krankenhaus zu Athen will er sich in Bezug auf die Überlebenschancen bei einer Operation beruhigen, „die in 94,6 von 100 Fällen gelingt" (178). In diesem Fall kann nur der Leser die Fragwürdigkeit statistischen Trostes erkennen.

Risse in Fabers Selbst- und Weltbild

KURZINFO

Risse in Fabers Selbst- und Weltbild

- Immer größerer Widerspruch zwischen Fabers technisch bestimmtem Selbstbild und seinem tatsächlichen Denken, Fühlen und Verhalten.
- Steigerung seiner verdrängten Verunsicherung durch die Krankheit und besonders durch die Begegnung mit Sabeth bis zur Identitätskrise.
- Schwanken zwischen Rollenfixiertheit und Rollendistanz nach der Begegnung mit Sabeth. Trotz gegenteiliger Beteuerung wachsendes Interesse an ihr.
- Seit der Wiederbegegnung mit ihr in Paris: zunehmendes Aufweichen seiner Techniker-Rolle durch die Liebe. Aufgeschlossenheit für Gefühle seit der intimen Begegnung in Avignon, Glücksgefühl auf der Reise nach Griechenland.
- Irrationales Verhalten in Bezug auf Sabeths Identität: Statistik und Mathematik als Instrumente seines Verdrängungswillens beim Nachdenken über eine mögliche Vaterschaft.
- Probleme mit Hanna, dem weiblichen Gegentyp zu seinem Selbstbild, in ihrer Jugend und mit ihrem späteren Rollenverständnis als alleinerziehende Mutter. Erschütterung seines Menschenbildes.
- Hanna: Gefangene ihrer Rolle als Mutter, die ihr Kind allein für sich will und ihm den Vater vorenthält.
- Einbruch des Bedrohlichen in Fabers Welt in Gestalt von Zufällen, die aber letztlich in seinem Selbstbild und in seiner Intention, die Realität zu verdrängen, begründet liegen.
- Entstehung von Schicksal für Faber aus vielen einzelnen Zufällen aus den verdrängten Tiefenschichten seines Innern: Resultat seines Techniker-Konzeptes, das ihn blind macht für die Kräfte des emotionalen Bereichs.
- Fabers existenzielles Fehlverhalten: Verdrängung der irrationalen Schichten seiner Persönlichkeit.

„Homo faber“ als Rollenbezeichnung

Obwohl sich Faber für einen „Homo faber“ hält und in Caracas als einen solchen darstellen will, geht aus seinen Aufzeichnungen, wenn auch gegen seinen Willen, deutlich hervor, dass diese Bezeichnung für ihn unzureichend und irreführend ist: „Homo faber“ kennzeichnet die Rolle, die Faber spielen will, das Konzept, das er sich von sich macht, jedoch nicht immer sein tatsächliches Denken, Fühlen und Verhalten. Da Faber kein „Homo faber“ ist, aber ein solcher sein will, verfehlt er durch dieses Selbstbild seine wahre Existenzmöglichkeit, seine Identität.

Missverhältnis Bild – Wirklichkeit

Fabers Aufzeichnungen enthalten viele Hinweise, dass er anders ist, als er sein will und den Leser glauben lassen möchte. Der Leser erkennt: Das Bild des „Homo faber“ wird an vielen Stellen gesprengt. Stil und Inhalt des „Berichts“ führen ihm einen Mann vor, der sich verunsichert fühlt, sich diese Verunsicherung aber nicht eingesteht, obwohl sie sich bis zur Identitätskrise steigert. Diese Verunsicherung ist durch die Begegnung mit Sabeth, die Wiederbegegnung mit Hanna und durch seine sich immer mehr bemerkbar machende Krankheit geschehen. Sowohl in Caracas als auch in Athen versucht Faber rückblickend in seiner Art Selbstanalyse zu verarbeiten, was er nicht begreifen, sondern verdrängen will: dass er in einem tieferen Sinne, als er meint, die Verantwortung für das Geschehene, die frühere Trennung von Hanna, den Inzest und den Tod Sabeths trägt. Fabers Selbstkonzept als Techniker soll ihn gegenüber diesen andrängenden Erlebnissen, Gefühlen und Gedanken immunisieren, besonders aber gegenüber seinen Schuldgefühlen.

Selbstanalyse

Die Begegnung mit Sabeth

Faber lernt Sabeth auf seiner spontanen Schiffsreise nach Europa kennen und vertieft die Beziehung auf der ebenso spontanen Autoreise mit ihr durch Südfrankreich und Italien nach Griechenland.

Fabers Schwanken zwischen Rollenfixiertheit und Rollendistanz

Die Darstellung der Entwicklung dieser Beziehung durch den rückblickenden Faber lässt den Leser erkennen, wie Faber zwischen Rollenfixiertheit und Rollendistanz schwankt. Einerseits will der Erzähler sich selbst und den Leser glauben lassen, es habe sich nicht um eine ernsthafte Beziehung gehandelt und ihm sei das

Verhältnis mehr oder weniger gleichgültig gewesen. Andererseits lässt der Erzähler, ohne es zu wollen, durch die Art der Darstellung seine wachsende Zuneigung zu dem Mädchen erkennen, das so gar nicht in sein bisheriges Frauenbild passt: So behauptet Faber einerseits zwar rollengemäß, er sei auf dem Schiff „nicht verliebt“ gewesen (78), es habe sich bloß um eine „harmlose Reisebekanntschaft“ gehandelt (87), seinen Heiratsantrag habe er nur gemacht, um „irgend etwas“ zu sagen (102), und eifersüchtig sei er nicht gewesen. Andererseits kann der Leser Fabers zunehmendes Interesse an Sabeth sehr wohl erkennen, auch wenn Faber immer wieder das Gegenteil behauptet.

Wendepunkt in Paris

Noch in Paris hätte es „auch ganz anders kommen können“ (78). Faber hätte wieder zu seiner Rolle finden und sich in den Bereich des „Üblichen“ einordnen können. Aber sein Selbstbild hat Risse: Faber geht in den Louvre, den er noch nie besucht hatte, um Sabeth wieder zu sehen. Als er sie nach mehrmaligen Besuchen tatsächlich trifft, fasst er den folgenreichen Entschluss, „ein bißchen Ferien zu machen“ (113), und fährt mit Sabeth durch Frankreich und Italien nach Griechenland.

Europareise

Auf dieser Reise in Glück und Tod zerbröckelt Fabers Technikerrolle noch stärker als bei der Schiffsreise. Einerseits versucht er wieder, sein Selbstkonzept beizubehalten, andererseits öffnet er sich immer mehr den Eindrücken und Gefühlen, die auf ihn einwirken. Dieser Rollenkonflikt wird schon in der Darstellung der Mondfinsternis in Avignon deutlich, wo es zur intimen Begegnung Fabers mit Sabeth kommt. Wieder betont Faber, dass er eine entsprechende Absicht „gar nicht hatte“ und nicht einen Augenblick daran gedacht habe, „dass es dazu kommen werde“ (134). Wieder legt er aus Gründen der Selbstrechtfertigung Wert darauf zu betonen, dass die Initiative von Sabeth ausging, die in sein Zimmer kam. Aber er wird durch die plötzliche Naturerscheinung überrascht und völlig aus dem Gleichgewicht gebracht, obwohl er in physikalischer Hinsicht Bescheid weiß. Zusammenfassend und rückblickend stellt Faber in Caracas fest:

Avignon

Glück mit Sabeth

> „Ich kann nur sagen, daß ich glücklich gewesen bin, weil auch das Mädchen, glaube ich, glücklich gewesen ist trotz Altersunterschied.“ (116)

Gefühle

Unter dem Eindruck der Zuneigung des Mädchens gibt Faber die Rolle des Technikers weitgehend auf. Jetzt spricht er ausdrücklich von seinen „Gefühlen", für die niemand ein „Interesse" habe (119). Diese Gefühle kann er immer weniger unterdrücken, auch wenn ihn in einer schlaflosen Nacht in Rom Ahnungen über Sabeths Identität plagen und er nicht imstande ist, „vorwärts zu denken" (133).

In der Nacht vor Sabeths Tod ist er glücklich mit ihr. Die Liebe hat die Erstarrung seines Selbstbildes gelöst, und er feiert in fast hymnischer Sprache „das Meer und die Sonne und alles". Unvergessen bleibt dem rückschauenden Faber der Eindruck von der mit sich selbst und der Landschaft identischen Sabeth:

> „Sie sei glücklich, sagt sie […]." (165)

Sabeths Identität

Auch in Bezug auf das Problem von Sabeths Identität verhält sich Faber derart irrational, dass der Leser unschwer das Missverhältnis zwischen Darstellung und Wirklichkeit erkennt. So versichert Faber einerseits rollengemäß: „Ich schätze es, Gewißheit zu haben", erklärt jedoch im gleichen Zusammenhang:

> „Heute, wo ich alles weiß, ist es für mich unglaublich, daß ich nicht schon damals […] alles wußte." (128)

Damals nahm er sogar die Mathematik zu Hilfe, um Sicherheit zu gewinnen, dass Sabeth nicht seine Tochter war. Er „genoß" es, „die Rechnung auch noch schriftlich zu überprüfen. Sie stimmte; ich hatte ja die Daten […] so gewählt, daß die Rechnung stimmte." (132)

So entlarvt Faber selbst durch sein irrationales Verhalten die Vorstellung von der Berechenbarkeit der Welt als fassadenhaft. Einerseits gebraucht er Mathematik und Statistik instrumental, d. h. um die Überzeugung, die er hat oder haben will, abzustützen, andererseits tut er so, als ob beides Grundlagen seines Denkens und Verhaltens wären.

Ähnlichkeit Sabeth – Hanna

Entsprechend verhält sich Faber in Bezug auf Sabeths Ähnlichkeit mit Hanna. Er wehrt den Verdacht des Lesers ab, er hätte wissen oder wenigstens vermuten können, dass Sabeth Hannas Tochter sei. Faber beteuert: Hätte er „auch nur den mindesten Verdacht gehabt", es könne zwischen Sabeth und Hanna „ein wirklicher Zusammenhang bestehen“ (87), hätte er sich natürlich anders verhalten. Zur Begründung für sein Nicht-wissen-Können will Faber sich und dem Leser nachweisen, dass zwischen beiden Frauen keine Ähnlichkeit bestanden habe. Aber auch hierbei erreicht Faber das Gegenteil des Gewollten: Je mehr er sich über die nicht vorhandene Ähnlichkeit äußert, umso deutlicher erkennt der Leser, dass Faber tatsächlich in Sabeth Hanna gesehen hat. Besonders während der Italienreise verschmelzen beide für den rückblickenden Erzähler immer mehr, manchmal bis zur Identifikation (vgl. 85, 102, 125, 142).

Fabers Verschleierungs- und Verdrängungstaktik

Zusätzlich zum Argument fehlender Ähnlichkeit, dem er offenbar selbst nicht ganz traut, betont Faber mehrmals in seiner Rückschau, dass er zum Zustandekommen seiner Beziehung mit Sabeth eigentlich nichts getan habe (vgl. 78, 79, 134, 135).

Wieder erkennt der Leser die Unstimmigkeiten und Widersprüchlichkeiten zwischen Fabers „Geschichte“, die an der rationalen Oberfläche bleibt, und der im Gefühlsbereich liegenden Realität. Faber verschleiert und verdrängt seinen Anteil am Zustandekommen der Beziehung, weil er nicht in sein Selbstbild passt.

Die Begegnung mit Hanna

In Hanna begegnet Faber einem anderen Frauentyp, als ihn Ivy repräsentiert, der er sich als Mann und Techniker überlegen fühlen kann. Hanna ist ihm gleich gestellt.

Hanna früher

Damals in Zürich ordnete er sie in das Bild ein, das er sich von Frauen machte und das noch zur Zeit des Schreibens für ihn gültig ist. Sie „war immer sehr empfindlich und sprunghaft, ein unberechenbares Temperament, wie Joachim sagte: manisch-depressiv“ (50) und hatte typisch weibliche Eigenschaften: „einen Hang zum Mystischen, um nicht zu sagen: zum Hysterischen“ (ebd.). Deshalb und wegen ihres Interesses an Kunstgeschichte gab er ihr den Spitznamen und gleichzeitig die Rollenzuweisung „Schwärmerin und Kunstfee“.

Faber will sich rückblickend über das Problem der damals geplatzten Heirat klar werden, kommt aber zu widersprüchlichen Ergebnissen. Der Leser erkennt: Es geht Faber in erster Linie darum, sich nachzuweisen, dass nicht er, sondern Hanna es war, „die nicht heiraten wollte“ (61; vgl. 35, 49, 52). Er will sein schlechtes Gewissen loswerden, will nicht erkennen, dass es sein eigenes Verhalten war, das Hanna von einer Heirat Abstand nehmen ließ.

Wiederbegegnung mit Hanna

Nach Sabeths Unfall begegnet er Hanna wieder in Athen. Was ihn erstaunt, da es nicht in sein Bild von ihr passt, ist ihre „männliche“ Sachlichkeit. Deshalb ist sie für ihn zwar „eine Frau, aber anders als Ivy und die andern, die ich gekannt habe, nicht zu vergleichen; auch anders als Sabeth, die ihr in vielem gleicht“ (158). Sie passt jetzt nicht mehr in die Rolle der „Schwärmerin und Kunstfee“, Faber erlebt sie als berufstätige Frau und alleinerziehende Mutter.

Hannas neue Rolle

Besonders die Rolle der berufstätigen Frau als Ausdruck ihrer Emanzipation stört ihn in seinem Selbstverständnis. Aber andererseits bewundert er sie. Er muss ihr zugestehen, dass sie immer getan habe, „was ihr das Richtige schien“ (151). Sie leistet sich also eine Lebensführung, die nach seinem Verständnis eigentlich nur Männern zukommt, ist aber trotz dieser Emanzipation zu seinem Erstaunen nicht „unfraulich“ (155). Faber bewundert auch Hannas Verhalten ihm gegenüber nach dem Wiedersehen. Sie macht ihm weder Vorwürfe „wegen damals“ (146) noch wegen Sabeths Unfall, will allerdings die Art von Fabers Beziehung zu Sabeth genau wissen.

Hannas Rolle als Mutter

Wie früher, so besteht sie auch jetzt auf ihrem Recht an „ihrer“ Tochter und spielt auf Fabers Verhalten vor 20 Jahren an: „Sie ist mein Kind, nicht dein Kind.“ (149) Faber reagiert gekränkt. Da nach seiner Ansicht die Frau ohne den Mann nur ein unvollkommenes Leben führen kann, trifft ihn die Einsicht „Hanna brauchte mich nicht“ (145) sehr hart. Der Leser erkennt, dass sich der rückerinnernde Faber schwer tut, sich mit dem Rollenverständnis seiner „fortschrittlich“ gewordenen (144) Jugendfreundin Hanna zurechtzufinden. Seine Rollen als Techniker und als Mann werden erschüttert.

Verunsicherung Fabers durch Hanna

Er erfährt von Hanna, dass sie im Gegensatz zu ihm nichts von Statistik hält, und „widersprach nicht“ (148). Er gibt seine Verunsicherung sogar zu: „Ich war nicht imstande, alles zugleich in meine Rechnung zu nehmen“ und kommentiert sein desorientiertes Verhalten: „Irgend etwas vergaß ich stets.“ (172) Er, der früher jede

Bindung ablehnte, spielt jetzt mit dem Gedanken, mit Hanna zusammenzuziehen. Wie gewohnt, will er Tatsachen dadurch ungeschehen machen, dass er sie übergeht. Deshalb bezeichnet ihn Hanna als „stockblind" (156).

Hannas Rollenfixiertheit

Hanna beeindruckt zwar den Leser – und Faber – durch ihre Selbständigkeit, ihre Tatkraft und ihr beherrschtes Verhalten, sie ist jedoch ebenfalls Gefangene einer Rolle, eines Selbstkonzepts, das sie rücksichtslos verteidigte: des geschlechtsspezifischen Selbstbildes der Mutter, die ein Kind wollte, „das keinen Mann etwas angeht" (218). Sie „opfert ihr ganzes Leben für ihr Kind" (219) – aber gerade dadurch, dass sie den Vater ihres Kindes ausschloss und Sabeth gegenüber nicht erwähnte, trägt sie zum Tode dieses Kindes und zur Zerstörung ihres und Fabers Leben bei. Dass sie sich der Einseitigkeit ihrer partnerfeindlichen Rolle bewusst ist, wird daran deutlich, dass sie – im Gegensatz zu Faber – ihr Leben für „verpfuscht" hält (155).

Das „Plötzliche" und der „Zufall"

Der Bericht der „ersten Station" zeigt, dass der Erzähler zur Zeit des Schreibens noch nicht in der Lage ist, sein Wesen und seine Erlebnisse besser zu verstehen, als es während der erzählten Ereignisse der Fall war – oder dass er es nicht besser verstehen will: Er ahnt die Wahrheit, verkennt bzw. verdrängt sie.

Einbruch des „Plötzlichen" in das „Übliche"

Mit dem Abflug von New York beginnt jene Kette von Ereignissen und „Zufällen", die letztlich zu Sabeths Tod führten. Der Start passt nicht ganz in Fabers technisch bestimmte Welt, in der alles „wie üblich" verläuft: Die Maschine kann nur starten „mit dreistündiger Verspätung infolge Schneestürmen" (7). In Fabers Welt des Beherrschbaren, Gesicherten, „Üblichen" bricht das „Plötzliche" ein, das Bedrohliche.

Zufälle

Auf den ersten Blick scheinen die Fakten Faber Recht zu geben, wenn er meint, er sei ein Opfer von „Zufällen" geworden. Immer wieder treten Zufälle auf wie zum Beispiel Fabers Begegnung mit Herbert, die Notlandung, das Gespräch mit Herbert über Joachim und Hanna, der Entschluss zur Schiffsreise, das Versagen des Rasierapparates, der Anruf der Schifffahrtsgesellschaft, die

Begegnung mit Sabeth auf dem Schiff, die Wiederbegegnung in Paris, die Reise in den Süden, die Mondfinsternis in Avignon, die zur intimen Begegnung führt, der Biss der Schlange und Sabeths Sturz die Böschung hinunter. Aber Faber täuscht sich selbst über den Charakter dieser Zufälle. Es gibt zwar solche objektiver Art, die er nicht zu verantworten hat (Notlandung, Versagen des Rasierapparates, Zusammentreffen mit Sabeth auf dem Schiff, Mondfinsternis), aber er ist verantwortlich dafür, was er aus diesen Zufällen macht:

Fabers Verhalten den Zufällen gegenüber

- Bei der Notlandung wird er durch Herberts Ähnlichkeit mit Joachim an seine bislang verdrängte Vergangenheit erinnert.
- Weil er als Techniker keinen technischen Defekt ertragen kann, beschäftigt er sich mit der Reparatur des Apparates, so dass ihn der Anruf erreicht.
- Weil ihn das Mädchen auf dem Schiff irgendwie an Hanna erinnert, nimmt er Kontakt zu ihr auf.

So genannte Zufälle

Außer diesen objektiven Zufällen gibt es allerdings auch solche, die er als Zufälle sehen will, weil er sich nur auf diese Weise von Schuld freisprechen kann, die es aber in Wirklichkeit nicht sind. Sähe er diese Ereignisse nicht als Zufälle, so müsste er zugeben, dass er den von ihm so stark betonten Rationalismus nicht durchhält, sondern ständig irrational reagiert:

- Auch rückblickend weiß er keinen Grund für die Unterbrechung seiner Dienstreise und den Abstecher nach Guatemala – der Leser erkennt das Wirksamwerden der Vergangenheit.
- Der Entschluss zur Schiffsreise ist zustande gekommen, weil sich Faber auf Grund seiner Bindungsscheu möglichst schnell Ivy entziehen will.
- In Paris will er Sabeth wiederfinden, weiß, dass sie den Louvre besuchen will, und geht so oft hin, bis er sie trifft. Er ist sich selbst der Fragwürdigkeit seines Zufallsdenkens bewusst und amüsiert sich darüber, dass Sabeth die Wiederbegegnung wirklich für einen Zufall hält (vgl. 108).
- Weil er die Beziehung, die in dieser Art neu für ihn ist, vertiefen will und weil er durch den kosmischen „Zufall“ verunsichert ist, „kommt es“ zum Inzest.

Darstellung von Sabeths Unfall

Fabers irrationales Verhalten und seine verschleiernde Absicht werden besonders bei seiner Darstellung von Sabeths Unfall und seinem eigenen Anteil daran deutlich. Sein ungenauer Unfallbericht verhindert eine sachgerechte Behandlung, die das Leben seiner Tochter hätte retten können. Der sonst in Nebensächlichkeiten übergenaue Ingenieur verschweigt da, wo es lebenswichtig ist, den genauen Hergang und trägt erst, als es zu spät ist, die entscheidende Einzelheit nach: Nackt ist er Sabeth zu Hilfe geeilt, die „langsam zurückweicht, bis sie rücklings [...] über die Böschung fällt" (171). Faber bringt diese entscheidende Information in verklausulierter Darstellung und erst im dritten Anlauf. Der Leser erkennt den Grund für dieses Verhalten: Faber hat Hemmungen, sich selbst und Hanna die Intimität seiner Beziehung zu Sabeth vor Augen zu führen.

Versagen Fabers

Wo Genauigkeit notwendig gewesen wäre, hat Faber aus Gehemmtheit und Schuldbewusstsein versagt. Dadurch trifft ihn nicht nur Schuld am Inzest, sondern auch am Tod seiner Tochter. Faber entwickelt einerseits durchaus ein Gefühl von Schuld, wenn er zugibt, das Leben seines Kindes vernichtet zu haben, und sich fragt: „Wozu noch ein Bericht?" (78) Andererseits weigert er sich aber, andere Erklärungen für das tragische Geschehen zu akzeptieren als den Zufall, der ihn nach seiner Ansicht hinterhältig und mit Notwendigkeit irregeleitet hat. Wenn alle Ereignisse nur zufällig geschehen oder auch eine „Kette von Zufällen" (23) darstellen, dann kann es keine persönliche Schuld geben, dann trifft ihn keine Verantwortung. Faber weigert sich zu erkennen, dass die Menge der „Zufälle" so groß ist, dass Quantität in Qualität umschlägt: Aus „Zufällen" werden „Fügungen", wird „Schicksal" – oder, um es mit Faber symbolisch auszudrücken: aus einzelnen „Constellationen" wird die „Super-Constellation" – das besondere Zusammentreffen von Umständen.

Zufall und Schuld

Schicksal

Dieses „Schicksal" kommt allerdings nicht von außen, von höheren Mächten, sondern aus den verdrängten Schichten seines Innern und hängt mit seinem Techniker-Konzept zusammen, das alles Nicht-Berechenbare ignoriert und ihn blind macht für die Kräfte des Gefühls. Er erkennt auch nicht, dass er die Frage nach den Gründen für das Geschehen nur äußerlich mit dem Hinweis auf den Zufall beantwortet, dass er aber nicht nach seinem eigenen Verhalten und seinem Umgehen mit diesen „Zufällen" fragt.

Fabers Krankheit

Fabers Krankheit ist ebenfalls eine Form des „Plötzlichen", das in sein Leben einbricht. Einerseits wird er nicht müde, sein gesundes Aussehen zu betonen, andererseits kann er die Anzeichen seiner Krankheit nicht auf Dauer verdrängen. Schon beim ersten Flug hat er Magenbeschwerden (vgl. 10). Als er dann in Houston den schweren Anfall hat, konfrontiert ihn der Spiegel mit seinem vom Tode gezeichneten Ich. Er kommt sich vor „scheußlich wie eine Leiche" (11). Aber er beruhigt sich und vermutet, es käme vom „Neonlicht" (ebd.).

Auch in Paris sieht er sich gewissermaßen schon als Toten (vgl. 106). Aber wieder verdrängt er die Erkenntnis seines Zustandes und vergisst sogar, zu einem Arzt zu gehen, obwohl er es sich „eigentlich vorgenommen hatte" (107).

Das „Übliche" als Fiktion

Frisch lässt den Leser erkennen, dass Fabers Fiktion des „Üblichen" nicht aufrechtzuerhalten ist. Das „Plötzliche" bricht ein, dem Faber mit der Kategorie „Zufall" beikommen will, aber nicht kann, da es sich letztlich um Entscheidungen handelt, die von den tieferen, dem Bewusstsein nicht zugänglichen Seelenschichten getroffen werden.

Fabers Schuld ist deshalb keine Schuld des bewussten Tuns, sondern ein existenzielles Fehlverhalten und folgt aus seinem einseitig rationalen Selbstkonzept, das die irrationalen Schichten seiner Persönlichkeit nicht akzeptiert, sondern verdrängt.

Fabers Krise und Neuorientierung

KURZINFO

Fabers Krise und Neuorientierung

- Intention von Fabers „Bericht" der „ersten Station": Selbstrechtfertigung, Beweis seiner Schuldlosigkeit an den tragischen Ereignissen. Aber: Verdeutlichung seiner schuldhaften Fehlorientierung gegen seinen Willen. „Zweite Station": Interpretation der „Ersten Station", Verstärkung von Fabers Identitätskrise.
- Änderung von Fabers Einstellung zum Leben und zur Natur auf seiner zweiten Mittelamerika-Reise unter dem Einfluss von Sabeths Tod. Beispiele für seine veränderte Einstellung: zweiter Besuch der Plantage, Verhalten in Caracas.
- Aufenthalt in Cuba: neue Haltung Fabers zu seiner Umwelt, zu Natur und Menschen. Wunsch nach anderem, elementarem Leben. Aber: neues „Bildnis", Cuba eher Chiffre von Fabers Sehnsucht nach authentischem Leben.
- Fabers letzte Reise nach Athen: Zeichen des Abschied-Nehmens und des Todes. Erkenntnis der Einmaligkeit des Lebens sowie seiner Schuld und der Sinnlosigkeit seines Lebens.
- Selbsterkenntnis im Krankenhaus zu Athen unter Hannas Einfluss, die sein Verhalten grundlegend vom Wesen des Technikers her deutet. Akzeptieren der Vergänglichkeit.
- Fehlverhalten Fabers: verantwortungsloses Handeln gegenüber Hanna und Sabeth, Reduktion seines Lebens auf sein Selbstkonzept als Techniker.
- Fehlverhalten Hannas: Reduktion ihres Lebens auf Selbstbild der alleinerziehenden Mutter, Verschweigen der Vaterschaft Faber gegenüber.
- Gemeinsame Schuld: Gefangenschaft in Bildnissen. Selbsterkenntnis und Gewinnung der Identität erst nach Sabeths Tod.

Erkenntnisse des Lesers der „Ersten Station"

Der Leser der „ersten Station" erkennt:

- Der Ich-Erzähler Walter Faber ist im Hotel in Caracas nicht mehr ganz der Mann, der er einmal war und als den er sich noch sehen will. Binnen weniger Monate erschütterte eine Reihe von Vorfällen sein einseitig technisch orientiertes Selbst- und Weltbild.
- Der Ich-Erzähler ist auch nach den Ereignissen nicht bereit, grundsätzlich sein Selbst- und Weltbild aufzugeben. Er verteidigt noch zur Zeit des Schreibens dessen Richtigkeit. Die Begegnung mit Sabeth und die Wiederbegegnung mit Hanna will er als Ausnahmen sehen, die die allgemeine Gültigkeit seines rationalen Selbstkonzeptes nicht in Frage stellen.
- Der Ich-Erzähler schreibt seinen „Bericht", um sich selbst und Hanna seine Schuldlosigkeit am tragischen Geschehen zu beweisen, enthüllt aber

- gegen seine Absicht die aus seinem Selbst- und Weltbild resultierende eigene Fehlorientierung, die letztlich die Ereignisse bedingt hat.

Bedeutung der „Zweiten Station"

Der Leser der „zweiten Station" erkennt, dass diese „Station" eine Interpretation der ersten darstellt: Sie rückt die Deutung des angeblich zufälligen Geschehens als bildnisbedingt in den Mittelpunkt und erweitert so die Sinnschicht, die in den schon in die „ersten Station" eingefügten Erzählerkommentaren deutlich wurde.

Identitätskrise

Zweite Reise als Wiederholung

Die Aufzeichnungen der „zweiten Station" erfolgen in Athen im Krankenhaus während der letzten Tage vor Fabers Operation, zu der ihn die nicht länger zu verdrängende Krankheit zwingt. Sie berichten von der zweiten Reise nach Südamerika, die in gewisser Hinsicht eine Wiederholung der ersten ist. Jetzt erst erkennt der sich selbst wiederholende Faber seine Fehlorientierung und will sein Leben ändern. Faber hat den Gedanken an eine Neuorientierung schon kurz vor Sabeths Tod. Er ist „unter allen Umständen entschlossen", sich „nach Athen versetzen zu lassen oder zu kündigen" (172 f.). In New York steigert sich diese Verunsicherung unter dem Eindruck vom Tode seiner Tochter zur Identitätskrise. Er notiert: „Ich fragte mich, ob ich meiner Aufgabe gewachsen bin" (176) und weiß kurze Zeit später, dass er es nicht ist (vgl. 177). In dieser Stadt, die Symbol seiner bisherigen Lebensweise ist, fühlt er sich nicht mehr zu Hause.

Desorientierung in New York

Besuch auf Plantage

Bei seinem zweiten Besuch auf der Plantage verfällt Faber wieder in sein Oppositionsmuster Technik – Natur. Diesmal registriert er aber nicht mehr so sehr das Widerliche der Dschungel-Natur, sondern ist von ihrem Unverändertsein beeindruckt, weil dies im Gegensatz zu seinem inneren Zustand steht. Vor allem muss Faber bei diesem Besuch irritiert feststellen, dass sein Freund Herbert die Fronten gewechselt hat: Er, der als Weißer und Europäer zu den Vertretern des technischen Menschentyps gehören müsste und gehört hat, der im Dschungel eine Plantage verwaltet und so ständig gegen die Natur kämpfen muss, steht nicht mehr auf der Technik-Seite, sondern hat den Kampf gegen die Natur aufgegeben und sich ihr unterworfen.

Herberts Veränderung

Faber im Hotel zu Caracas

In Caracas ändert sich Fabers Situation: Er, der unermüdlich Tätige, muss „wegen Magenbeschwerden" im Hotel bleiben und stellt resigniert fest, dass er überflüssig ist und dass die Montage auch ohne ihn „in Ordnung" geht (185). Aber seine Verunsicherung ist so groß geworden, dass er das Bedürfnis nach Rechenschaft und Selbstrechtfertigung hat und den Bericht der „ersten Station" als einen krampfhaften Versuch schreibt, seine erschütterte Sicherheit in der Rolle des Technikers wiederzugewinnen.

Cuba – das „wirkliche Leben"?

Fabers Besuch in Cuba verstärkt die Gegenbewegung des irrationalen Bereichs, die durch seine Begegnung mit Sabeth in Gang gesetzt wurde und zur Erschütterung seines Weltbildes führte. In Cuba versucht Faber zu einem neuen Selbstkonzept zu gelangen, nachdem er das Scheitern seines alten erleben musste, und zwar zu einer Neuorientierung in Bezug auf seine Einstellung sich selbst, seinen Mitmenschen und der Natur gegenüber.

Bewusstes Erleben

Schon die Aussage „Vier Tage nichts als Schauen" (187) lässt eine für Faber ungewohnte Verhaltensweise erkennen. Früher hat er Untätigkeit schlecht ertragen und in Fällen, wo die Umstände seine gewohnte Tätigkeit als Techniker unmöglich gemacht haben – z. B. in der Wüste –, seine Umwelt vorzugsweise durch das Auge der Kamera, also vermittelt, wahrgenommen. Jetzt gibt er sich vier Tage lang den unmittelbaren Eindrücken seiner Umgebung hin.

Der ehemals „blinde" Faber beginnt, bewusst zu sehen und das, was er sieht, zu erleben: „Meine Wollust, zu schauen –" (193). Konsequenz dieser Bejahung des Erlebens ist, dass er am Ende seines Cuba-Aufenthalts beschließt: „ich filme nichts mehr" (198). Da er das Erleben akzeptiert hat und es nicht mehr als Ausdruck irrationaler Kräfte zu verdrängen sucht, kann er auf die Kamera als Mittel zur Distanzierung verzichten.

Natur

Fabers Verhältnis zum Erleben drückt sich in einem neuen Verhältnis zur Natur aus. Während er in der Wüste von Tamaulipas (25 f.) seine Betroffenheit durch rationale Erklärungen zu verdrängen versucht hat, sucht er in Cuba die Begegnung mit der Natur, um sie bewusst in sich aufzunehmen. Beim Schwimmen sieht er sich auf dem Meeresgrund als „violette[n] Frosch" (192). Er empfindet sich nicht mehr als Beherrscher der Natur, sondern als ihren Bestandteil und verlässt damit seine Rolle als Techniker.

Menschen

Auch Fabers Verhältnis zu den Menschen zeigt deutliche Veränderungen. Was er jetzt an den Menschen bewundert, ist das Kreatürliche in ihnen und ihre Lebenslust, ihr spontanes, elementares Verhältnis zum Leben. Diese Menschen vermitteln ihm ein Gefühl der Lebensbejahung, das er nun sinnenhaft auskosten will: „Wie ich schaukle und schaue." (190)

Fabers veränderte Einstellung kommt auch in seinen Reaktionen bei Begegnungen mit einzelnen Personen zum Ausdruck. Bisher war er notorischer Einzelgänger, jetzt spricht er mit einem jungen Vater und einem Mädchen, das ihn an Sabeth erinnert. Die Begegnung mit einem frisch gebackenen Vater konfrontiert Faber mit einer Rolle, die er aus eigenem Verschulden nicht kannte. In seiner Unterhaltung mit der 18-jährigen Juana wird Fabers Erinnerung an Sabeth deutlich. Diesem Mädchen erzählt er vom Tod seiner Tochter, von seinem Leben und davon, dass er Hanna heiraten will.

Der junge Vater

Juana

Neues Verhältnis zum Leben

Fabers neues Verhältnis zum Leben ist bestimmt durch ein intuitives Erfassen dessen, was Leben bedeutet: „Gestalt" (184). Darin hat der Tod seinen festen Platz. Das Bewusstsein des Todes als Endpunkt einer naturgegebenen Abfolge der Lebenszeit weckt ein neues Bewusstsein für die Zeit als Vergänglichkeit. Erst die Erkenntnis dieser Vergänglichkeit ermöglicht ein neues, intensives Gefühl für das Erleben des Augenblicks. So erklärt sich das Nebeneinander von Glücksgefühl und Trauer um die Unwiederholbarkeit seines Lebens, das kurz vor seinem Endpunkt steht: „Wenn man nochmals leben könnte." (191)

Faber selbst ist sich dieser Zusammenhänge größtenteils nicht bewusst, er erlebt sie. Dass ihm auch für kurze Momente eine unmittelbare Einsicht zuteil wird, drückt symbolisch die Gewitterszene aus: „Licht der Blitze, nachher ist man wie blind, einen Augenblick lang hat man gesehen […]." (190)

Einsamkeit

Gerade die Begegnung mit den Menschen auf Cuba, die in ihrer Wesenseinheit an Sabeth erinnern, lässt Faber sein eigenes geteiltes Wesen erleben. Die Erfahrung seines Ichs ist mit einem starken Gefühl der Einsamkeit verbunden. Diese Einsamkeit erlebt Faber ganz bewusst. Er mietet ein Boot, „um allein zu sein", und erfährt auf dem Meer auch konkret räumlich seine Einsamkeit: „Sehr allein." (ebd.)

Außenseiter

Trotz allem Integrationswillen bleibt Faber ein Außenseiter in der Gesellschaft dieser lebensfrohen Menschen. In Briefen an Hanna, Marcel und Dick äußert sich zum einen sein Bedürfnis nach Kontakt, zum andern wird in dem nachträglichen Zerreißen der Briefe, „weil unsachlich" (192), deutlich, dass Faber noch nicht zu einem einheitlichen Wesen gefunden hat: Die Briefe sind unsachlich, weil Faber darin seinen Emotionen, seinem Erlebnis nachgibt, aber der „alte" Faber ist noch nicht bereit, diesen Teil seiner selbst zu akzeptieren.

Gespaltenheit

Neues Verhältnis zur Sexualität

Fabers Handlungsweise, „wie ein Schulbub" eine Frau in den Sand zu zeichnen, offenbart hier sein neues Verhältnis zur Geschlechtlichkeit. Seit seine Verbindung mit Hanna 1936 gescheitert ist, hat er geschlechtliche Beziehungen zwischen Mann und Frau nur als momentanes sexuelles Bedürfnis erlebt und im Grunde als absurd abgelehnt, weil sie gegen seine gewollt rationale Haltung verstoßen haben. Wenn er sich jetzt in diese Frau aus Sand legt und sie als „Wildlingin" (ebd.) bezeichnet, drückt sich darin das Empfinden einer natürlichen Erotik aus.

Dass dieses Verhalten zu spät kommt, zeigt sich in der „Taxi-Geschichte" (193): Fabers Bereitschaft, sich mit dem ihm angebotenen Mädchen einzulassen, endet mit einer Blamage. Er nimmt jedoch seine Impotenz gelassen hin. Dass er diese Tatsache akzeptiert, zeigt, dass er bereit ist, sein Alter, seine zunehmende Schwäche und sogar seinen wahrscheinlich bevorstehenden Tod anzunehmen.

Selbst die Möglichkeit des Magenkrebses zieht er in Betracht, sie wird durch die Einordnung als „Hirngespinst" allerdings oberflächlich als unrealistisch zurückgenommen. Und etwas später führt er sogar seine Magenbeschwerden in altbekannter Weise auf harmlosere Umstände zurück: „Ich rauche viel zu viel Zigarren. (Daher meine Magenschmerzen.)" (194)

Insgesamt dominiert jedoch in Cuba Fabers neu gewonnenes Verhältnis zum Leben. „How do you like Habana?" – „I love it!" (197) Fabers Antwort stellt eine unbewusste Zusammenfassung seiner neuen Sehweise dar. Konsequenz dieser Veränderung ist, dass er Abstand von seinem bisherigen Leben nehmen will: „Mein Entschluß, anders zu leben –" (188, 190). In Cuba sagt sich Faber von den Inhalten seiner bisherigen Weltanschauung los. Zeichen dafür ist seine harsche **Kritik** am „American way of Life" (vgl. 190 f.).

Gesellschaftskritik

Indem Faber die Wirklichkeit auf diese Weise aufnimmt, findet er zu sich selbst. Damit hat er, wenn auch nur flüchtig und im Augenblick des Abschieds, sein früheres Leben als uneigentliches Leben aufgegeben und Anteil am „wirklichen Leben", wie Frisch in seinem Roman „Stiller" das Leben bezeichnet, das jemand führen kann, der mit sich selbst identisch ist.

Das „wirkliche Leben"

Faber ist zwar in Cuba offener für Welt und Leben als je zuvor, aber der Leser stellt sich auf Grund von Fabers Darstellung die Frage, ob er wirklich den Durchbruch zum durch „Bildnisse" unverstellten „wirklichen Leben" geschafft hat oder ob nicht ein neues Klischee das alte ablöst: Faber projiziert all das, wovon er sich bisher ausgeschlossen fühlt, in dieses Cuba-Erlebnis und gestaltet daraus ein „Bildnis", das der Wirklichkeit nicht entspricht.

Neues „Bildnis"?

Cuba als Traum

Die Cuba-Episode drückt Fabers Wunsch nach elementarem Leben aus. Der Vollzug gelingt ihm nur ansatzweise und vorübergehend, da er in ein neues Bildnis verfällt. Cuba ist deshalb für Faber eher Traum- und Wunschbild, Chiffre seiner Sehnsucht nach dem „wirklichen Leben" als dieses selbst – vielleicht auch das vorletzte, euphorische Stadium seiner tödlichen Krebskrankheit.

Abschied und Einsicht

Fabers Weg führt von Cuba über Düsseldorf, Zürich, Mailand, Rom nach Athen ins Krankenhaus. Cuba ist für ihn eine Projektion seiner Vorstellungen vom „wirklichen Leben", in Düsseldorf begegnet er seiner Vergangenheit mit Sabeth im Film, in Zürich trifft er den Tod in Gestalt des Professors O., in Athen liegt er im Krankenhaus, und der Tod trifft ihn.

Bedeutung der Reisen

Fabers letzte Reisen sind Reisen zum Tode hin. Je stärker allerdings Fabers biologischer Verfall ist, umso mehr erschließen sich unter dem Eindruck der zuletzt gemachten Erfahrungen, der Reflexionen und der Gespräche mit Hanna lange verschüttete Tiefengeschichten seiner Persönlichkeit.

Filmvorführung in Düsseldorf

Dies wird zuerst in Düsseldorf deutlich, wo er Joachims und Herberts Firma einen Film über ihre Plantage zeigen will, diesen aber auf Anhieb nicht findet und deshalb alle Filme anlaufen lassen muss, auch die von seiner Reise mit Sabeth. Er reagiert mit starker gefühlsmäßiger Betroffenheit und erkennt die lebendige Einmaligkeit des Menschen, die sich fotomechanischer Wiedergabe und damit der „Repetition" entzieht. Er kann Sabeths Verlust innerlich kaum bewältigen. Die Erkenntnis seiner Schuld lässt ihm sein Leben sinnlos erscheinen.

Flug über die Alpen: neues Naturgefühl

Der „letzte Flug" (210) Fabers über die Alpen nach Mailand steht für ihn im Zeichen des Abschiednehmens. Er löst sich von seiner Identifikation mit der Technik und hat den „Wunsch", die Natur sinnlich zu erfassen (212). Der Leser, der an den anfangs beschriebenen Flug Fabers über den Golf von Mexiko (vgl. 19) denkt, erkennt bei Faber ein anderes Lebensgefühl und eine neue Einstellung zur Natur und zum Erlebnis: Faber sieht die Bedeutung des Konkret-Lebendigen. Immer mehr erkennt er in der Natur sein verpasstes Leben:

> „Zu spät, um abzusteigen; es dämmert schon in den Tälern […]." (213)

Aber er erkennt jetzt auch die beschränkten Möglichkeiten des Menschen überhaupt zur Sinnerfüllung seines Lebens: Es gibt für den „Bergsteiger" nur

Lichtsymbolik

> „ein Licht, das man […] niemals trifft, weil man vorher absteigen muß, Licht, das man mit dem Tod bezahlen müßte, aber sehr schön, ein Augenblick […]." (ebd.)

Wenn überhaupt, so ist diese Einsicht in das, was das Leben hätte sein können, nur kurz vor dem Tode möglich. Sie wiegt jedoch in ihrer Intensität und Schönheit den Verlust des Lebens auf.

Die Konsequenz dieser Erkenntnis ist die Aufkündigung seines Berufs (vgl. 214), mit dem er sich bisher zu identifizieren bemüht war, also der Wille, sein Techniker-Konzept zu verlassen.

Irrtum und Erkenntnis

Beim Schreiben des „Berichts" im Krankenhaus zu Athen lässt Faber ein viel stärkeres Bedürfnis nach Reflexion erkennen als noch einige Wochen zuvor in Caracas. Was Faber in seinen letzten Tagen Trost bereitet, ist der Gedanke an Hannas Freundschaft. Im gemeinsamen Leid findet er zum ersten Mal menschliche Gemeinschaft. Jetzt beschäftigt er sich ausführlich mit Hannas Leben und verzichtet auf jegliche Selbstrechtfertigung.

Hannas Deutung von Fabers Leben

Auch Hanna beschäftigt sich mit ihm und gibt ihm eine Deutung seines Lebens aus ihrer Sicht, die die Gegenposition zu Fabers Techniker-Konzept darstellt und an Marcels Standpunkt erinnert (vgl. 184 f.). Ihrer Ansicht nach ist die Technik ein „Kniff, die Welt so einzurichten, daß wir sie nicht erleben müssen". Deshalb spricht sie von der „Weltlosigkeit des Technikers". Dieser wolle die „Welt als Widerstand" ausschalten. Das Leben werde also nicht als Erlebniszusammenhang gesehen, sondern auf das Rationale und Berechenbare reduziert.

Deshalb sei das Leben für den Techniker nicht „Gestalt in der Zeit", sondern eine Aneinanderreihung isolierter Zustände, die jedoch für ihn keine qualitative Veränderung bewirke. Hanna ordnet Faber diesem Typ des Technikers zu. Weil er sich mit diesem Konzept identifiziert, dieses Bild zu seinem Selbstbild gemacht habe, spricht sie im Hinblick auf sein Verhältnis zu Sabeth auch nicht von seiner Schuld, sondern von einem „Irrtum", der zu ihm gehöre wie sein Beruf und sein „ganzes Leben".

Fabers Irrtum

Hanna bezeichnet Fabers Verhältnis zu Sabeth als „widernatürlich" und als „bloße Repetition". Er habe in dieser Beziehung seine gescheiterte Beziehung zu ihr, Hanna, wiederholen und so die Zeit täuschen wollen.

„Repetition"

Fabers Zwischenbemerkungen

Interessant sind Fabers Zwischenbemerkungen. Wenn er in Klammern hinzusetzt: „Was Hanna damit meint, weiß ich nicht" oder hinter ihre Aussagen ein Fragezeichen setzt, so will er den Eindruck erwecken, er verstehe diese Interpretation seines Verhaltens nicht. Aber er notiert Hannas Deutungsversuch. Der Leser erkennt: Faber wagt sich die lange gesuchte Wahrheit noch nicht einzugestehen, weil er mit ihr noch nicht leben kann.

Selbsterkenntnis

Er sieht im Krankenhaus in den Spiegel und erkennt an sich selbst, was er immer gefürchtet und auch als Techniker nie in den Griff bekommen hat: die „Verwitterung"

(186). Aber noch versucht er, mit bewährter Verdrängungsstrategie der Erkenntnis auszuweichen und führt sein hinfälliges Aussehen auf das „Jalousie-Licht" zurück (ebd.). Erst nachdem man ihm in der Nacht vor der Operation seine „Hermes Baby" weggenommen hat, erkennt er seine wahre Situation. Gleichzeitig gesteht er:

> „Ich hänge an diesem Leben wie noch nie […]." (215)

Fabers „Testament"

Und vier Stunden später formuliert er ungelenk und hymnisch eine Art von Testament, seine „Verfügung für den Todesfall", in dem er sich zu der Einstellung bekennt, die er in seinem „Bericht" verdrängt hat. In dieser Aufzeichnung disqualifiziert Faber alle „Zeugnisse" von ihm „wie Berichte, Briefe, Ringheftchen" als falsch:

> „Es stimmt nichts." (216)

Deshalb sollen sie „vernichtet werden". Faber hat erkannt, dass die „Geschichte", die er noch vor wenigen Wochen für sein Leben gehalten hat, nur ein verfälschtes Bild seiner selbst und der wahren Verhältnisse wiedergibt. Dieser Scheinwirklichkeit entsprach seine Scheinidentität, die im „Bildnis" gefangen blieb. Der „Bericht" hat aber seinen Zweck erfüllt: Er war Mittel zur Selbstfindung, aber kein Zweck an sich. Deshalb kann er verbrannt werden.

Wenn Faber schreibt: „Standhalten dem Licht […] im Wissen, daß ich erlösche […]" (216), so bedeutet dies, dass er seine eigene Vergänglichkeit akzeptiert. Damit gewinnt er eine neue Freiheit im Angesicht des Todes – und Identität.

Wandlung

Faber hätte diese „Verfügung" nie so schreiben können, wenn er sich nicht gewandelt hätte. Sie zeigt, dass er Abschied von seinem Selbstkonzept und dem Glauben an die Berechenbarkeit der Welt genommen hat und sich in der Hingabe an das Erleben des elementaren Daseins selbst zu finden hofft.

Bildnis und Schuld

Wirkung der „Bildnisse"

Frisch erzählt in seinem Roman vom Scheitern von Beziehungen an Bildnissen, die sich jeder Mensch von sich selbst und von andern macht. Diese Bildnisse verhindern eine authentische Beziehung zwischen Walter Faber und Hanna Landsberg, bedingen das Zustandekommen des zwar glücklichen, doch inzestuösen Verhältnisses Fabers mit der gemeinsamen Tochter Elisabeth und führen mittelbar und unmittelbar zum Tod des Mädchens, zum Tod Fabers und zur Entwurzelung Hannas.

Fabers Selbstbild

Das Bildnis, das Faber von sich macht, ist das des einseitig rational orientierten Technikers. In diesem Selbstkonzept kritisiert der Roman auch die Verabsolutierung der durch die Technik bedingten Denk- und Verhaltensweisen.

Die Bildnisbefangenheit der Personen führt zu schuldhaftem Verhalten sich selbst und den andern gegenüber bzw. zu Fehlorientierung und Fehlverhalten, wenn man den negativ befrachteten ethisch-moralischen Begriff „Schuld“ vermeiden will.

Fabers Fehlverhalten

Faber verhält sich falsch

- Hanna gegenüber, weil er auf Grund seines Selbstkonzeptes ihr und dem ungeborenen Kind gegenüber verantwortungslos handelt;
- Sabeth gegenüber, weil er sie zur „Repetition“ einer Beziehung benutzt. Der Inzest ist einmal die Folge seines vergangenen Fehlverhaltens, ist jedoch auch Schuld an sich, selbst wenn Faber ihn unwissend begeht;
- nach Sabeths Unfall, weil er den Inzest zu spät eingesteht und den Sturz, der zum Tod führt, verschweigt;
- sich selbst gegenüber, weil er die Möglichkeiten seiner Existenz auf sein Selbstkonzept als Techniker beschränkt und den irrationalen Bereich ignorieren will.

Will man von „Tragik“ sprechen, so besteht die Fabers darin, dass das Mädchen, mit dem er eine Zeitlang glücklich ist, seine Tochter ist und dass die Tochter durch den Vater umkommt.

Hannas Fehlverhalten

Hanna verhält sich falsch

- sich selbst gegenüber, weil sie die Möglichkeiten ihrer Individualität auf das Selbstkonzept „allein stehende Mutter“ reduziert;
- Sabeth gegenüber, weil sie ihr den Vater vorenthält, was schließlich zum Inzest und zum Tod des Mädchens führt;

- Faber gegenüber, weil sie ihm die Vaterschaft verschweigt und ihn auf diese Weise in die Situation geraten lässt, die zum Inzest und zum Tod der Tochter führt.

Hannas „Tragik" besteht darin, dass sie dadurch, dass sie der Tochter den Vater verschweigt, dazu beiträgt, dass die Tochter „gerade ihrem Vater begegnet, der alles zerstört" (220).

Gemeinsame Schuld

Faber und Hanna werden so gemeinsam schuldig, weil sie sich „Bildnisse" voneinander und auch von ihrer Tochter machen, die sie jeweils in anderer Beziehung ganz für sich beanspruchten. Beide erkennen erst durch Sabeths Tod und durch Fabers tödliche Krankheit ihre jeweils anders geartete Fehlorientierung sowie deren Gründe und kommen so auf den Weg zur Selbsterkenntnis, zur Identität, die für Faber allerdings mit dem Tod, für Hanna mit der Aufgabe ihrer bisherigen Existenz verbunden ist.

Perspektivlosigkeit der Figuren

Keine der Figuren des Romans verwirklicht einen positiven Lebensentwurf:

- Fabers rollenbedingte Fehlorientierung wird erst im Tode aufgehoben.
- Hanna gibt Wohnung und Beruf auf und bleibt ohne Perspektive.

Die einzige Figur, die nicht durch Bildniszwang in ihrer Selbstentfaltung gehindert wird, ist Sabeth. Aber sie stirbt – am rollenbedingten Fehlverhalten ihrer Eltern. Frisch zeigt somit nur Fehlverhaltensweisen auf, die sich wechselseitig relativieren, und lässt die Gegenwelt des „wirklichen Lebens" und authentischer Beziehungen nur flüchtig erscheinen – als Ideal.

Sprache und Stil

KURZINFO

Sprache und Stil

- Sprache des Technikers Walter Faber: Rollensprache. Prägung durch seinen Beruf und durch seine Absicht, einen nüchternen „Bericht" in Tagebuchform für sich selbst zu schreiben.
- Kennzeichen: wenig Dialoge, einfache Syntax, verkürzte Sätze, Bemühen um Exaktheit des Ausdrucks und Elemente der Alltagssprache.
- Eingeschoben: scheinbar unpassende sprachliche Elemente wie Formeln des Nicht-Wissens, der Verneinung von Sachverhalten, unpersönliche Ausdrucksweise, Gedankenstriche.
- Wirkung auf den Leser: Erkennen der Verdrängung unerwünschter Sachverhalte durch den Ich-Erzähler.
- Spiegelung des Gefühlseinbruchs in Fabers Welt in der Sprache: Auflösung der Syntax, assoziative Reihungen, Nominalfügungen, Bildlichkeit, poetische Vergleiche.

Rollensprache

Bei der Kennzeichnung von Fabers Sprache ist zu berücksichtigen, dass

- der fiktive Erzähler sich mit der Rolle des Technikers identifiziert und sich dementsprechend ausdrücken muss,
- er einen „Bericht" schreiben will, der einen nüchtern-sachlichen Ton verlangt,
- er aus einer bestimmten Absicht über sich selbst schreibt.

Wenig Dialoge

Beachtet man die dritte Voraussetzung, so überrascht nicht, dass im Roman der Dialog eine untergeordnete Rolle spielt. Die meisten Dialoge bestehen aus kurzen Wortwechseln. In längeren Dialogen unterbrechen erzählerische Einschübe die Äußerungen der Partner, wobei auch Gesprächsteile stark gerafft in indirekter Rede wiedergegeben werden. Beispiel für diese Besonderheit sind Fabers Gespräche mit Hanna, die sich über mehrere Seiten erstrecken (vgl. 141 ff.).

Einfache Syntax

Die beiden ersten Voraussetzungen wirken sich in der Syntax aus. Faber bevorzugt kurze, isolierte Einzelsätze, häufig auch unvollständige Sätze (Ellipsen), in der Mehrzahl Nominalfügungen, die an Sachaussagen der Wis-

senschaft erinnern, aber auch der Tagebuchform des Romans entsprechen.
Mit Sätzen dieser Art gibt er sowohl das Handlungsgerüst als auch das innere Geschehen an. Typisch für diese Darstellungsweise sind Sätze, in denen Faber über seinen Flug nach New York bis zur Zwischenlandung in Houston sich über seine Situation äußert:

> „Ich war todmüde. […] Ich war froh, allein zu sein. Endlich ging's los. […] Rauchen gestattet. […] Wir hatten ziemliche Böen. […] Später schlief ich ein. Die Böen ließen nach. […] Er frühstückte bereits. Ich tat, als schliefe ich noch. […] ‚Guten Tag!' sagte er –" (7 ff.)

Verkürzung der Sätze

Fabers auf das Rational-Fassbare verkürzte Weltbild hat auch eine Reduktion seiner Sprache zur Folge. Der Satzbau wird auf das – nach seiner Ansicht – Wesentliche reduziert: Das Verb fällt weg, Nominalfügungen bleiben übrig. Diese Ellipsen erinnern an Telegrammstil, entsprechen aber auch wieder den Gepflogenheiten eines Tagebuchs und sind über den gesamten Text verteilt.
Alle drei Voraussetzungen – Technikerrolle, Berichtform und Intention des Nachweises seiner Schuldlosigkeit – münden in Fabers Bemühung um Genauigkeit seiner Darstellung. Besonders viel liegt ihm an genauen Zeitangaben, die über den gesamten Text verstreut sind (vgl. 7, 23, 62, 134, 154, 174, 175). Genaue Ortsangaben sind für ihn ebenfalls wichtig (vgl. 20, 37, 40, 177, 205,2 15).

Bemühen um Exaktheit

Diese Genauigkeit erstreckt sich bis in scheinbar unwichtige Einzelheiten: Was er benennen kann, beruhigt ihn. Fabers Streben nach Genauigkeit geht soweit, dass er fremdsprachliche Gesprächsbeiträge in der Originalsprache in seinen „Bericht" montiert (vgl. 176 ff.) und auch die Herkunft wissenschaftlicher Informationen nachweist (vgl. 24, 80, 122 f.).
Dem Leser fällt außerdem auf, dass Faber beim Nennen von Gegenständen schmückende Adjektive vermeidet und vorwiegend solche verwendet, die zur näheren Kennzeichnung von Materialbeschaffenheit, Farbe, Form und Ausmaß des jeweiligen Gegenstandes dienen: Es geht Faber um die Herausarbeitung des Grundsätzlichen. Dazu gehört eine exakte Terminologie. Deshalb verwendet er z. B. Firmennamen statt der Sachbezeich-

nungen. So legt er Wert darauf, Flugzeugtypen und Automarken genau anzugeben (vgl. 7, 29, 33, 56, 206). Auch bei Getränken bemüht er sich um genaue Markenbezeichnung (95, 116, 122). Seinen „Bericht" schreibt Faber auf einer „Hermes-Baby" (31), und er erinnert sich daran, dass sein Flugnachbar Herbert „ein Heftlein, rororo" gelesen hat (9). Nach Sabeths Tod weiß er allerdings nicht mehr, und das ist bezeichnend für seine innere Verfassung nach der Vorführung der Filme mit Sabeth, ob er mit dem „Helvetia-Expreß oder Schauinsland-Expreß" nach Zürich gefahren ist (208).

Alltagssprache

Verzicht auf sprachliche Vollständigkeit und Korrektheit ist auch Merkmal der Alltagssprache. Dem weit gereisten Techniker Faber ist alles bekannt, „wie üblich", er geht deshalb oft mit Ereignissen und Begebenheiten respektlos um und fällt in einen etwas schnoddrigen Jargon. So war Ivy „sehr verheult" (63), Dick kommt „mit der ganzen Bande" (71), in der Schiffsbar „war kein Knochen" (77) und zu Hannas „Job" gehören Götter (154). Dieser Jargon signalisiert dem Leser die Sorglosigkeit eines Nicht-Literaten, der Faber ist, im Umgang mit der Sprache. Faber stellt sich durch die Eigenart seiner Sprachverwendung dar als ein an Kunst uninteressierter, moderner, weit herumgekommener „Manager", der Anteil an der Verwaltung und Beherrschung der von Technik und Konsum geprägten Welt hat.

Sprache der Verdrängung

In Fabers Sprache findet sich allerdings eine Vielzahl von Merkmalen, die den Leser am Bild des die Welt und seine Gefühle beherrschenden Technikers zweifeln lassen. Dies zu erreichen und durch die Sprache die Rollenhaftigkeit von Fabers Existenz bloßzustellen, ist Frischs Absicht.

Formeln des Nicht-Wissens

Der stets auf Genauigkeit Wert legende Faber verwendet erstaunlich oft Sätze, die sein Nicht-Wissen in Bezug auf die Motive seines Handelns ausdrücken. Über seinen Versuch, bei der Zwischenlandung in Houston „auszusteigen", notiert er rückblickend: „Ich weiß nicht, wieso ich mich eigentlich versteckte." (14) Und beim Nachdenken über die Motive zu seinem in Mexiko-City gefassten Entschluss, seine Dienstreise aus privaten Gründen zu ändern, lehnt er die Erklärung, Überdruss an seiner Arbeit sei der Grund gewesen, ab und schreibt: „Ich weiß nicht, wie es wirklich war." (36) Im Dschungel „weiß" er dann auch nicht, warum er nicht zurückfliegt (vgl. 37). Ebenso wenig will er sich über seine Motive, zu Joachim zu fahren, klar gewesen sein: „Ich verstand mich selbst nicht." (46) Er bezieht sein angebliches Nicht-Wissen auch auf Hanna. „Ich wußte nicht, was denken" notiert er nach der Wiederbegegnung (144). Später antwortet er auf ihre Frage, was mit ihm „los sei": „Ich wußte es selbst nicht." (147) Als er dann vor ihrer verriegelten Tür steht und sie weinen hört, ist er ebenfalls hilflos: „Ich [...] wußte nicht, was ich denken sollte." (162)

Verneinung von Sachverhalten

Eine Form psychischen Abwehrverhaltens ist die von Faber oft benutzte Taktik der Verneinung von Sachverhalten. So verneint er zum Beispiel die Erlebnishaftigkeit der nächtlichen Wüste von Tamaulipas (25 f.), tut dies aber so affektgeladen und bilderreich, dass der Leser die Verdrängungsabsicht erkennt: Faber leugnet Gedanken und Gefühle, wenn sie für ihn zu bedrohlich werden.

Unpersönliche Ausdrucksweise

Den Gegensatz zwischen Fabers Selbstbild und der Wirklichkeit lassen noch andere sprachliche Besonderheiten erkennen. Im Allgemeinen spricht er von sich in der Ich-Form. In bestimmten Fällen jedoch, und zwar immer dann, wenn es für ihn um unverarbeitete Probleme und den Gefühlsbereich geht, weicht er auf unpersönliche Formen wie „man" oder den Plural aus. So bemerkt er über die Eintönigkeit der Schiffsreise: „[...] es ändert sich überhaupt nichts – nur daß man älter wird!" (82) Besonders viele Beispiele dieser Eigentümlichkeit finden sich in Fabers Reflexion über sein Verhältnis zu Frauen am Ende der Schiffsreise: „Manchmal wird man weich [...]. Man macht schlapp [...]. Man kann sich nicht selbst Gutnacht sagen." (100)

Gedankenstriche

Wenn Faber sich an schicksalshafte Gedanken und Ereignisse erinnert oder von Vorgängen und Gesprächen berichtet, die er nicht beurteilen kann oder will, setzt er einen Gedankenstrich. Zum ersten Mal begegnet dieses Stilmittel dem Leser bei der Schilderung des Startes in New York: „Endlich ging's los –" (7) Der Gedankenstrich ist doppeldeutig: „Los" ging einmal der Abflug, dann aber auch der entscheidende Abschnitt in Fabers Leben, der ihn zum toten Joachim führt. Erstaunlich ist in diesem Zusammenhang Fabers Bemerkung: „Über Joachim redeten wir kaum –“ (53) Als Faber später bemerkt, hätte er gewusst, dass Sabeth seine Tochter gewesen sei, hätte er sich anders verhalten, fügt er hinzu: „Alles war so natürlich –“ (87)

Vergleiche

Das Scheitern von Fabers Versuch, den irrationalen Bereich zu unterdrücken, lässt sich auch daran erkennen, dass in seiner kargen, nüchternen Sprache plötzlich Vergleiche auftauchen, die Ausdruck einer irrationalen Grundhaltung sind. Schon beim Abflug in New York stört ein Schneesturm Fabers technisch bestimmtes Weltbild, und er notiert: „Man kam sich wie ein Blinder vor.“ (8) Beim Überfliegen der Sümpfe vor der Notlandung will er sich dem Erlebnis durch Verfremdung der Naturerscheinungen ins Technische entziehen: „[…] wo die Sonne spiegelt, glitzert es wie Lametta beziehungsweise wie Stanniol, […] Flecken wie violette Tinte […].“ (19)

Sprache des Gefühls

Auflösung der Syntax

Nominalfügungen

Neben den sprachlichen Merkmalen, die auf Gefühlsabwehr und -unterdrückung hinweisen, treten, je stärker Fabers Verunsicherung wird, immer mehr solche auf, die Gefühle und Erlebnisse ausdrücken. An den entscheidenden Stellen sieht sich das erinnernde Ich den andrängenden Eindrücken ausgeliefert und gestaltet sie durch eine völlige Auflösung der Syntax: Sätze werden durch Nominalfügungen ersetzt, die Ausdruck von Assoziationen des erinnernden Ichs sind und solche im Leser freisetzen. Dieser Assoziationsstil findet sich immer dann, wenn Faber sich auf Grund seines inneren Zustandes Gefühlen und Eindrücken nicht mehr verschließen kann. So erinnert er sich in Hannas Wohnung:

> „Die Via Appia –
> Die Mumie im Vatikan –
> Mein Körper unter Wasser –“ (147)

Von besonderer Erlebnisqualität ist der Aufenthalt in Cuba. Assoziativ erinnernd reiht Faber Eindrücke aneinander:

> „Alles wie Traum – […] Meine Freude – […] Sonnenuntergang – […] Meine Begierde – […] Wie ich schaukle und schaue. Meine Lust, jetzt und hier zu sein – […] Seine Zähne – Seine junge Haut –" (187 ff.)

Faber erlebt diese Phase seines Lebens sehr bewusst und nimmt die Erinnerung daran schon gleich vorweg: „Ich wußte, daß ich alles, was ich sehe, verlassen werde, aber nicht vergessen." (196) Fabers Haltung sich selbst und dem Leben gegenüber ist schon zur Zeit der Südeuropareise mit Sabeth etwas anders geworden. Diese veränderte Einstellung zeigt sich in einer relativ bildhaften Sprache, die besonders in Situationen verwendet wird, in denen sich Faber glücklich fühlt, z. B. in der Darstellung der nächtlichen Landschaft von Akrokorinth: Faber und Sabeth machen ein Vergleichsspiel. Für Faber ist der Weg zwischen den Felsen „weiß wie Gips", für Sabeth „wie Schnee", und beide einigen sich: „wie Joghurt" (163). Sabeths Vergleiche fallen eher poetisch aus, die Fabers stammen aus dem Bereich des Technisch-Zivilisatorischen und dienen eher einer sachlichen Vergegenwärtigung des Vergleichsobjektes.

Bildlichkeit

In seiner Darstellung des Cuba-Aufenthalts tut sich Faber anfangs noch schwer, sich dieser neuen Bildersprache zu bedienen. So formuliert er zuerst noch vorsichtig: „Die Neger-Spanierin […] ihr weißes Gebiß in der roten Blume ihrer Lippen (wenn man so sagen kann)". (187)

Bildersprache

Erst beim zweiten Anlauf lässt er den Vorbehalt weg und schreibt: „die rote Blume ihrer Münder" (195). Fabers Stil ist nun weit entfernt von der Sprache des Technikers. Jetzt benutzt er poetische Vergleiche: Die „nackten Rücken" der Mädchen „sind gerade so dunkel wie der Schatten unter den Platanen" (189), die „Spritzer über dem Pflaster: wie ein plötzliches Beet von Narzissen" (ebd.). Diese neue Sprache zeigt Fabers Bemühen, seine Distanz dem Leben und der Natur gegenüber aufzugeben und sich, schon vom Tode gezeichnet, dem Leben zuzuwenden.

Motive und Symbole

KURZINFO

Motive und Symbole

- Schaffen einer zusätzlichen Sinnschicht durch ein Geflecht von Bedeutungs- und Verweisungszusammenhängen aus Leitwörtern, Motiven und Symbolen.
- Romananfang: Hinweis auf die wesentlichen Themen und Motive des Romans wie Technik – Natur, das Übliche und das Plötzliche, das Problem des Zufalls.
- Auffallend: Motive und Symbole der Selbstentfremdung, der Selbstbegegnung. Besonderes Gewicht der Todessymbolik.
- Raumstruktur: Symbol der Ausdruck von Fabers Oppositionsdenken.
- Schauplätze: Projektion von Fabers jeweiligem Selbstkonzept und Spiegel des erinnerten Geschehens.
- Mythologische Bezüge: Gegengewicht gegen Sinnleere der rein technisch bestimmten Welt, Hinweis auf die Möglichkeit des Schicksalhaften und Perspektivierung des vordergründigen Geschehens.

Bedeutung der Gestaltungsmittel

In Frischs Roman haben Leitworte, Motive und Symbole eine besondere Bedeutung als Möglichkeiten indirekter Gestaltung. Sie stellen ein Geflecht von Bedeutungs- und Verweisungszusammenhängen dar, das die Ebene der realistischen „Geschichte“ überlagert, eine zusätzliche Sinnschicht dadurch bewirkt, dass es dem ausdrücklich Gesagten eine eigene Sphäre des unausdrücklich Gesagten hinzufügt und außerdem die Menge der Einzelelemente strukturiert und integriert.

Leitwort

Unter „Leitwort“ werden bedeutsame Wörter verstanden, die sich innerhalb des Textverlaufs an wichtigen Stellen wiederholen und dem Leser dadurch den Sinn des Textes oder seiner Teile eindringlicher verdeutlichen.

Motiv

Leitworte können zu „Motiven“ erweitert werden. Unter einem „Motiv“ wird eine sich wiederholende, typische und menschlich bedeutungsvolle Situation bzw. ein entsprechender Vorgang, Zustand oder auch ein bedeutungsvolles Verhalten verstanden. Ist dieses Motiv von besonderer Bedeutung für das Geschehen, spricht man von einem „Leitmotiv“.

Symbol

Unter einem „Symbol“ wird ein sinnlich gegebener Gegenstand, Vorgang oder eine Situation verstanden, die über sich selbst hinaus auf einen höheren, abstrakten, ideellen Bereich verweisen. Symbole erlangen erst in einem bestimmten Kontext und Sinnzusammenhang ihre

Bedeutung, die nicht immer eindeutig sein kann, weil sie abhängig ist vom Erfahrungs- und Wissenshorizont des Lesers. Symbolische Bedeutung kann auch Motiven zukommen. Sie wird immer vom Leser konstituiert.

Einfache und komplexe Symbole

Im Roman kann man zwischen einfachen Symbolhandlungen wie z. B. Fabers Schauen, Schaukeln, Singen (vgl. 188 ff.) als Ausdruck seiner Lebensfreude und komplexen symbolischen Vorgängen und Situationen wie seiner Notlandung in der Wüste als Ausdruck des Zusammenbruchs seines technischen Weltbildes unterscheiden. Gemeinsam ist Leitworten, Motiven und Symbolen, dass sie eine verknüpfende und meist vorausdeutende Funktion haben.

Der Romananfang

Besonders deutlich wird die Funktion dieser Gestaltungsmittel bei der Betrachtung des Romananfangs, der die wesentlichen Themen und Motive schon enthält – was aber erst der rückblickende Leser erkennt:
- das zentrale Thema Natur – Technik,
- die dazu gehörenden Hinweise auf den Sieg der Natur über die Technik: Verspätung des Flugzeugs wegen der Schneestürme,
- den Hinweis auf mögliches Versagen der Technik: Zeitungsnachricht vom „World's Greatest Air Crash",
- den Hinweis darauf, dass sich Faber selbst durch Technik auch bedroht fühlt: Die „Vibration in der stehenden Maschine mit laufenden Motoren" (7) macht ihn „nervös",
- den Hinweis darauf, dass sich Faber durch Betonung des „Üblichen" beruhigen will: Die Maschine ist „wie üblich auf dieser Strecke, eine Super-Constellation" (7),
- die zufällige Begegnung mit einem jungen Deutschen, bei dem es sich, wie sich später herausstellt, um Herbert Hencke, den Bruder von Fabers Jugendfreund Joachim Hencke, handelt. Durch ihn werden Fabers Beziehungen zur Vergangenheit wieder hergestellt, ohne dass er es jetzt schon weiß. Aber er gerät durch den „Zufall" dieser Bekanntschaft auch in ein Geschehen hinein, das mit einer Katastrophe endet,
- den Hinweis darauf, dass Faber „grundsätzlich nicht" heiratet und „froh" war, „allein zu sein".

Der Romananfang: Themen und Motive

- Genauigkeit: Ort, Zeit, Umstände
- Technik zur Beherrschung der Natur
- Abhängigkeit des Menschen von der Technik
- Überlegenheit der Natur

Wir starteten in La Guardia, New York, mit dreistündiger Verspätung infolge Schneestürmen. Unsere Maschine war, wie üblich auf dieser Strecke, eine Super-Constellation. Ich richtete mich sofort zum Schlafen, es war Nacht. Wir warteten noch weitere vierzig Minuten draußen auf der Piste, Schnee vor den Scheinwerfern, Pulverschnee, Wirbel über der Piste, und was mich nervös machte, so daß ich nicht sogleich schlief, war nicht die Zeitung, die unsere Stewardeß verteilte, *First Pictures Of World's Greatest Air Crash in Nevada*, eine Neuigkeit, die ich schon am Mittag gelesen hatte, sondern einzig und allein diese Vibration in der stehenden Maschine mit laufenden Motoren – dazu der junge Deutsche neben mir, der mir sogleich auffiel, ich weiß nicht wieso, er fiel auf, wenn er den Mantel auszog, wenn

Randbemerkungen links:

- Nivellierung des Besonderen, Erlebnishaften
- Beruhigung
- Versuch, Sicherheit zu gewinnen

- Verunsicherung
- Bedrohung durch die Natur

- Verunsicherung
- Abwehrhaltung
- Angst, Unruhe

Widerspruch aus Abwehrhaltung

Randbemerkungen rechts:

- Genauigkeit durch Typenbezeichnung
- Symbolische Wortdeutung:
- besonderes Zusammentre en von Umständen

- Wartezeit, Leere
- Verzögerung
- Ohnmacht der Menschen

- Vorausdeutung auf Notlandung
- Ohnmacht der Technik gegenüber
- Einbruch des Plötzlichen
- Montage von Schlagzeilen: Authentizität

er sich setzte und sich die Bügelfalten zog, wenn er überhaupt nichts tat, sondern auf den Start wartete wie wir alle und einfach im Sessel saß, ein Blonder mit rosiger Haut, der sich sofort vorstellte, noch bevor man die Gürtel geschnallt hatte. Seinen Namen hatte ich überhört, die Motoren dröhnten, einer nach dem andern auf Vollgasprobe –

Ich war todmüde.

Ivy hatte drei Stunden lang, während wir auf die verspätete Maschine warteten, auf mich eingeschwatzt, obschon sie wußte, daß ich grundsätzlich nicht heirate.

Ich war froh, allein zu sein.

Endlich ging's los –

- Zufallsbekanntschaft
- Unbewusste Erinnerung an Joachim: Vergangenheit

- Abwehrhaltung
- Verdrängung

- Technik als Bedrohung
- Vorausdeutung: Ausfall der Motoren

- Doppeldeutige Wendung
- Implizite Vorausdeutung (Todesmotiv)

- Verkörperung der abgelehnten Gegenwelt
- Sexualität; Gefühl
- Anhänglichkeit

- Passivität des Mannes
- Aufdringlichkeit der Frau

Bindungsscheu: Hinweis auf Vergangenheit (Hanna) und Zukunft (Sabeth)

Doppeldeutige Wendung:
- Beginn des Flugs
- Beginn des schicksalhaften Geschehens

Gedankenstrich:
Schweigen als Ausdruck des Widerstands des Ich

- Einsamkeit, Kontaktarmut
- Unabhängigkeit des Technikers und Mannes

Andeutung wichtiger Themen und Motive:
Technik – Natur, Technik als Möglichkeit und Bedrohung
das „Übliche" und das „Plötzliche", Gegenwart – Vergangenheit
Bindungsscheu, Kontaktarmut, Unsicherheit, Angst, Tod

Leitworte und Motive

Die Adjektive „üblich" und „nervös"

Leitwörter sind über den gesamten Text verstreut. Besonders fällt Fabers häufige Verwendung des Wortes „üblich" auf, das für ihn fast zum Stereotyp wird. Er verwendet dieses Leitwort gern, wenn sich die Dinge in durchaus „unüblicher" Weise entwickeln, wie z. B. bei der Startverzögerung in New York und vor der Notlandung in der Wüste. Diesem Leitwort entspricht das Leitwort „nervös": Immer dann wird Faber „nervös", wenn der „übliche" Ablauf gestört ist, z. B. bei einer Maschine im Leerlauf (7), wenn kein Anschluss für einen Elektrorasierer zu finden ist (29) oder wenn der Apparat versagt (vgl. 68). Faber notiert zusammenfassend: „Alles Ungewohnte macht mich sowieso nervös." (82)

Der korrespondierende Gebrauch der Leitwörter „üblich" und „nervös" lässt den Leser erkennen, dass Faber auf jede Erschütterung seines Weltbildes durch unverhoffte Ereignisse unsicher reagiert und diese Verunsicherung durch übermäßige Betonung des Ordnungsmäßigen ausgleichen will.

Viele Leitwörter strukturieren den Text durch häufiges Vorkommen. Andere erhalten ihre Bedeutung eher durch ihre Platzierung an zentralen Textstellen. So taucht das – symbolische – Spiegelmotiv zwar nur dreimal auf, aber jedes Mal an einer wichtigen Gelenkstelle des Geschehens:

Das zentrale Spiegelmotiv

- zum ersten Mal in Houston, als Faber von seiner vorgesehenen Reiseroute abweichen will (vgl. 11);
- zum zweiten Mal in Paris vor der entscheidenden Abweichung der Reise mit Sabeth durch Südeuropa (vgl. 106);
- zum dritten Mal im Athener Krankenhaus, und zwar in der letzten Tagebucheintragung vor der Cuba-Episode (vgl. 185).

Vorausdeutungen

Außer den durch ihre Wiederholung auffälligen Leitwörtern und Motiven kann der Leser noch eine Fülle von einmaligen Spiegelungen oder vorausdeutenden Bemerkungen und Bildern expliziter und impliziter Art erkennen. So singt Fabers Reisebegleiter Marcel im Dschungel das französische Kinderlied: „Il était un petit navire ..." (53). – Später kommt es auf einem Schiff zur schicksalhaften Begegnung Fabers mit seiner Tochter.

Beispiel für eine implizite Vorausdeutung ist schon Fabers Bemerkung beim Abflug von New York: „Ich war todmüde." (7)

Motive der Selbstentfremdung, der Selbstbegegnung und des Todes

Rasieren

Als Techniker will Faber die Natur als Umwelt, aber auch die eigene Natur beherrschen. Deshalb fühlt er sich ständig gezwungen, sich rasieren zu müssen (10, 29, 33, 44, 67, 76, 187). Rasieren bedeutet für ihn Abwehr der vegetativen Natur am eigenen Körper mittels Technik.

Fotografieren

Der andere „Tick", den er hat, ist der, immer fotografieren bzw. filmen zu müssen (16, 24, 29, 43, 59, 63, 73, 76, 78, 92). Dieser Drang macht sein Bestreben, sich immer ein „Bildnis" zu machen, deutlich, aber auch seine Angst vor dem unmittelbaren Erleben, und stellt den Versuch dar, dem jeweils Einmaligen und Besonderen zu entkommen. Das technische Mittel tritt zwischen erlebendes Subjekt und Gegenstand des Erlebens, das zu Erlebende wird gefiltert und auf seinen optischen Gehalt reduziert. Später, in Cuba, als seine Einstellung sich ändert, verzichtet er auf das Filmen: Er will „nichts als Schauen" (187).

Blindheit

Dem Motiv des Filmens entspricht das Motiv der Blindheit. Faber kommt sich schon anfangs in New York „wie ein Blinder" vor (7), ist als Techniker „nicht blind" (25), wird von Hanna in Bezug auf sein vergangenes Verhalten allerdings als „stockblind" angesehen. Die Blindheit drückt Fabers Befangenheit im Selbstbild des Technikers und die damit verbundene Unfähigkeit aus, die Wahrheit über sein Verhalten und seine Beziehung zu Sabeth zu erkennen.

Selbstbegegnung

Fabers Begegnung mit sich selbst wird von Frisch auf zweierlei Weise symbolisch gestaltet. Von besonderer Bedeutung ist das Motiv der Nacktheit, das viermal vorkommt (16, 36 f., 163, 171). Nacktheit bedeutet in diesen Kontexten Zugehörigkeit zum kreatürlichen Bereich, Ungeschütztsein, Wahrheit, Rollenlosigkeit.

Nacktheit

Spiegelmotiv: Bedeutung

In den drei Spiegelszenen (11, 106, 185) wird Faber mit den verdrängten Schichten seiner Persönlichkeit konfrontiert. Er sieht sich so, wie er ist, aber nicht sein will: in seiner Kreatürlichkeit, Hinfälligkeit und Todesnähe. Schon in Houston kommt sich Faber vor wie eine „Leiche“ (11). In Paris sieht er sich wieder im Spiegel, diesmal „im Goldrahmen“, und „sozusagen als Ahnenbild“ (106): Einerseits sieht er sich schon als „Ahne“, als vergangen an, andererseits „ahnt“ er seine tödliche Krankheit – auch wenn er diese Ahnung sofort wieder zurücknimmt und betont, er sehe „ausgezeichnet aus“ (ebd.).

Verstärkt deutlich wird der Todesbezug in der Spiegelszene im Krankenhaus zu Athen. Faber kommt sich vor „wie der alte Indio in Palenque, der uns die feuchte Grabkammer zeigte“ (185). Dieser Todesbezug wird noch verstärkt durch den Hinweis auf den Tod des Professors O., so dass die Beschwichtigungsversuche nicht mehr glaubhaft klingen.

Todessymbolik

Die Todessymbolik überlagert das gesamte Geschehen der „ersten Station“ vom Ohnmachtsanfall in Houston (11) über die kurze Ohnmacht bei der Notlandung (22), die sinkende Sonne im Dschungel (57), die Entdeckung des toten Joachim (59), die Spiegelbegegnung in Paris (106) bis zu dem ständig wiederkehrenden Auftreten der Zopilote (37, 53, 57, 90, 96).

Auf der Italienreise tritt sie weniger direkt und mehr in Form von Vorausdeutungen auf: Das Motiv des Grabmals, auf dem Faber und Sabeth lagern, erscheint dreimal, wobei Faber zweimal von „unserem Grabhügel“ spricht (123 f., 129).

In der „zweiten Station“ wird die Todessymbolik fortgeführt: Faber erinnert sich wieder an die „Zopilote“ (198, 202), die Wolkenkratzer in New York kommen ihm „wie Grabsteine“ vor (176), er wird im Krankenhaus im Spiegel an den Tod erinnert. Höhepunkt der Todessymbolik bildet jedoch die Verkörperung des Todes und des todverfallenen technischen Denkens, Professor O., Fabers Vor- und Spiegelbild.

Professor O.

Professor O. wird von Faber viermal erwähnt: Zum ersten Mal träumt er von ihm (16), dann begegnet er ihm in Paris (112), dann in Zürich (210) – nachdem er bereits vorher dessen Tod mitgeteilt hatte (187). In Paris stellt Faber fest, Professor O. sei für ihn „immer eine Art Vorbild gewesen“ (112). Faber „wußte genau, daß dieser Mensch eigentlich schon gestorben ist“ (ebd.). Die Identifikation des Professors mit dem Tod verstärkt sich für Faber noch in Zürich: „Unterhaltung mit einem Totenschädel“ (210).

Symbolik der Schauplätze

Da das Geschehen des Romans im Wesentlichen aus Reisen besteht, kommt der Raumgliederung eine symbolische Bedeutung zu.

Von Berufs wegen muss Faber die ganze Welt bereisen, ist auf allen Kontinenten – und nirgends – „zu Hause“. Mittels Flugzeug schrumpft für ihn die Welt zusammen. Er registriert sie als bloße „Addition“ von Schauplätzen.

Schauplätze der 1. Reise

Erste Reise: New York (Flugzeug) – Wüste – (Eisenbahn, Auto) Dschungel von Guatemala – (Flugzeug) New York – (Schiff) Paris – (Auto) Avignon – Rom – Akrokorinth – (Eselswagen, Lastwagen) Athen.

Je näher Faber seinem Reiseziel Athen kommt, um so langsamer werden seine Beförderungsmittel.

Schauplätze der 2. Reise

Zweite Reise (Verkürzung der ersten): Athen – (Flugzeug) New York – (Flugzeug, Bus, Bahn) Dschungel – (Flugzeug) Caracas – (Flugzeug) Cuba – (Flugzeug) Düsseldorf – (Zug) Zürich (Flugzeug) Athen.

Die Geschehnisse in Italien und Akrokorinth kehren in filmischer Wiederholung wieder. Neu ist der Schauplatz Cuba (Habana), dessen Insellage seine Einmaligkeit symbolisiert: Er ist für Faber eine Ausnahme, ein „Traum“, eine Möglichkeit, die andere Seite des Lebens zu erkennen.

Raumstruktur

Diese Raumstruktur lässt sich entsprechend Fabers Oppositionsdenken darstellen:

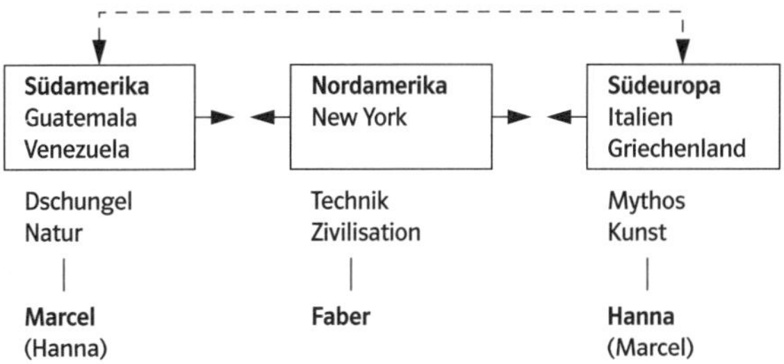

Kunstwerke gehören nach Fabers mythisierender Kunstauffassung in den Bereich des Organischen, der Natur.

Einbruch von „Zufällen"

Durch diese Oppositionen wird der topographische Rahmen des Geschehens festgelegt. Fabers Wechsel von einem in einen andern Bereich ist jeweils die Einbruchsstelle für den „Zufall", der ihn aus der Bahn wirft:
- Im Flugzeug trifft er auf Herbert, der ihn zum toten Joachim führt.
- Auf dem Schiff trifft er Sabeth, durch die er schließlich zu Hanna kommt.

Die Reisen nach Süden sind immer auch Reisen in die Vergangenheit.
Faber projiziert in die jeweiligen Schauplätze sein gegenwärtiges Selbstkonzept, so dass sie Spiegel des von ihm erinnerten Geschehens sind. Er sieht als Rückblickender ihr Nacheinander. Der gestalthafte Zusammenhang der Schauplätze und ihre symbolische Bedeutung wird erst dem Leser deutlich, der die Einzelelemente überblickt und verknüpft.

Mythologische Bezüge

Sabeth als Seelenführerin

Der Roman enthält eine Reihe von Anspielungen auf die griechische Mythologie. So hat Sabeth auch eine mythische Funktion – vom Verfasser Max Frisch aus gesehen: Sie ist für Faber die Verkörperung des griechischen Götterboten Hermes, des Gottes der Diebe, aber auch des Seelenführers, der die Seelen der Verstorbenen in die Unterwelt geleitet. Sabeth geleitet, gewissermaßen als „Hermes Baby", den desorientierten Techniker Walter Faber zur Wahrheit seiner Existenz. Wenn er in Cuba „anders" leben will, so orientiert er sich an ihrem Vorbild.

„Kopf einer schlafenden Erinnye"

Das Verhältnis Fabers zu Sabeth wird symbolisch verdeutlicht, als Faber in Italien den „Kopf einer schlafenden Erinnye" für sich entdeckt (120): „Es war ein steinerner Mädchenkopf, so gelegt, daß man drauf blickt wie auf das Gesicht einer schlafenden Frau, wenn man sich auf die Ellbogen stützt." Erinnyen sind die griechischen Rachegöttinnen der Unterwelt, die Schützerinnen der sittlichen Ordnung, die erbarmungslos alles Unrecht und besonders Blutschuld und Inzest bestraften, den Frevler in Wahnsinn versetzten und Tod und Verderben brachten. Faber entdeckt diese Skulptur, als er dem Bild „Geburt der Venus", der Göttin der Liebe, gegenübersteht, und beschreibt die von Sabeth arrangierte Situation: „Wenn Sabeth [...] bei der Geburt der Venus steht, gibt es Schatten, das Gesicht der schlafenden Erinnye wirkt [...] geradezu wild.“ (121) Leben, Liebe, Rache und Tod erscheinen so in einer an Symbolen und Anspielungen überreichen Situation.

Mittagsstille

Die „Mittagsstille“ (170), in der Sabeths Unfall geschieht, ist nach der griechischen Mythologie die Zeit, in der die Macht des Gottes Pan, des Gottes der Geschlechtskraft und des zeugenden Lebens, besonders spürbar wird. Die Begegnung mit diesem Gott versetzt den Menschen in „panischen“ Schrecken.

Schlange

Zu dieser Zeit wird Sabeth von einer Schlange gebissen. Für die Griechen war die Schlange das Tier der geheimnisvollen Erdentiefe, die Dienerin der Erddämonen, zu denen auch die Erinnyen zählten. In der Schlangensymbolik spiegelt sich, nach Freud, häufig der Vater-Tochter-Inzest.

Klytemnästra

Wenn der in Hannas Wohnung in der Badewanne liegende Faber denkt, Hanna könne eintreten und ihn „von rückwärts mit einer Axt“ erschlagen (148), so erinnert dieser Gedanke an Klytemnästra, die Gattin Agamemnons, des Führers des griechischen Heeres vor Troja: Sie erschlägt, unterstützt von ihrem Liebhaber, mit einer Axt den heimgekehrten Agamemnon rücklings im Bad, weil er die gemeinsame Tochter Iphigenie den Göttern geopfert hat, um die Götter den Griechen günstig zu stimmen.

Anspielungen auf Ödipus

Besonders deutlich sind die Anspielungen auf Sophokles' Drama „König Ödipus“. Frisch behält die analytische Grundstruktur bei, variiert aber den antiken Stoff, indem er statt des Mutter-Sohn-Inzests einen Vater-Tochter-Inzest stattfinden lässt und deutlich macht, dass der moderne Mensch Walter Faber sich nicht, wie einst Ödipus, bei der Schuldfrage auf Orakel und Götter zurückziehen kann, sondern dass seine Schuld in ihm selbst begründet liegt und Folge seines einseitig rationalen Selbstkonzeptes ist.

Ödipus-Sage als psychoanalytisches Erklärungsmodell

Für die Psychoanalyse stellt die Ödipus-Sage ein Modell dar, das hilft, Verhaltensweisen des Menschen auf ihre unbewussten Ursachen zurückzuführen und so besser verständlich zu machen. Freud vermutet hinter den Begründungen, die in der Ödipus-Sage für den Inzest des

Sohnes mit der Mutter gegeben werden – Unkenntnis der wahren Eltern – eine Rationalisierung, die verdecken soll, dass es sich um eine Ur-Fantasie des Menschen handelt, die in der kindlichen Entwicklung eine wichtige Rolle spielt: um den Wunsch des männlichen Kindes, die Mutter sexuell zu besitzen und den Vater als Rivalen zu beseitigen.

Dieser „Ödipus-Komplex“ kann sinngemäß auch auf das Verhältnis der Tochter zum Vater übertragen werden. In diesem Fall spricht man vom „Elektra-Komplex“: Auch das Mädchen verliebt sich zuerst in die Mutter und lehnt den Vater als Rivalen ab. Unter dem Eindruck des eigenen Penismangels wendet es sich dann von der Mutter ab und dem Vater zu. Im Unterbewusstsein formt sich der Penisneid zum Wunsch um, sich mit dem Vater sexuell zu vereinigen.

Auf diese Weise wäre Sabeths kontaktsuchendes Verhalten dem einer andern Generation angehörenden Faber gegenüber zu erklären: Von ihr sei die Initiative stets ausgegangen, wird er nicht müde zu betonen.

Bedeutung der mythologischen Anspielungen

Diese mythologischen Anspielungen berechtigen jedoch nicht, den Roman als modernes Schicksalsdrama zu lesen. Dazu sind sie nicht zwingend genug angeordnet, und dazu sind auch die Zeitverhältnisse zu verschieden. Für Frisch sind sie Mittel zur Herstellung eines Gleichgewichtes, zur Veranschaulichung und zur Verfremdung:

- Sie bilden ein Gegengewicht gegen die Sinnleere, mit der Faber die Erscheinungen wahrnimmt, und suggerieren die Möglichkeit von Schicksalhaftem – ohne allerdings ein stimmiges System herzustellen.
- Sie veranschaulichen auf der symbolischen Ebene, also vor sinnbezogenem Hintergrund, das vordergründige Geschehen, perspektivieren und ergänzen es im Bewusstsein des Lesers.
- Sie verfremden das „übliche“ Geschehen und ermöglichen dem Leser durch diese Distanzbildung eine vertieftere Sicht der biologischen und gesellschaftlichen Fehlorientierung Fabers.

Frischs Intention

Frisch zeigt durch diese Opposition technologische Weltsicht einerseits und mythische Weltsicht andererseits die Pole auf, zwischen denen sich der Mensch orientieren muss.

Zeitbezug und Interpretationsansätze

KURZINFO

Zeitbezug und Interpretationsansätze

- Roman: Spiegel der gesellschaftlichen Themen seiner Entstehungszeit wie positive und negative Seiten der Technik, Einfluss der amerikanischen Lebensweise, die vom Ich-Erzähler kritisch gesehen wird, und Probleme der Geschlechterrollen, womit besonders die Emanzipation der Frau im Mittelpunkt steht.
- Mittelpunkt des Romans für Frisch: Die Problematik, dass ein Mensch sein Leben verfehlt, weil er es in ein starres Bildnis eingezwängt hat und sich nur ansatzweise daraus befreien kann, als es zu spät ist.
- Form des Romans: Tagebuchform und Rollenprosa als adäquater Ausdruck der Problematik. Ablehnung von Schicksalsgläubigkeit durch den Verfasser.
- Herausarbeitung der mythologischen Bezüge und Betonung von Gemeinsamkeiten mit dem griechischen Drama und besonders mit Sophokles' Tragödie „König Ödipus".
- Uneinheitliche Bewertung der Cuba-Episode: Durchbruch Fabers zu sich selbst oder Verfehlung der Realität und seiner selbst?
- Unterschiedliche Schwerpunktsetzung der Interpreten: Technik – Natur, Rollenhaftigkeit von Fabers Existenz, Bildnisproblem und Lebensangst, mythologische Beziehungen.

Beziehung zu Zeit und Gesellschaft der 1950er-Jahre

Im Roman spiegeln sich die Themen, die in den 1950er-Jahren, der Zeit seiner Entstehung, zeitbestimmend und bewusstseinsprägend waren:

1. Die Diskussion über Segen und Fluch der Technik

Technikdiskussion

Seit den 1920er-Jahren entwickelt sich, parallel zur Technikbegeisterung und gegen sie gerichtet, eine Begeisterung für den Mythos, für das bild- und seelenhafte Erfassen der Welt. Repräsentativ für die Technikkritik steht Günther Anders mit seinem Buch „Die Antiquiertheit des Menschen", 1. Auflage 1956. Darin schreibt er, die Technik sei nicht nur Mittel. Sie emanzipiere sich vom Menschen und perfektioniere sich auf seine Kosten. Das „prometheische Gefälle" gehe vom fehlerlosen Geschöpf, der Maschine, zum fehlerhaften Schöpfer, dem Menschen. Der heutige Mensch trete ausschließlich in seiner „homo-faber-Qualität" auf und habe sich deshalb vollständig „verdinglicht". Besonders „unser Leib von heute ist der von gestern", so dass die Menschen am besten ihr „organisches Vorleben" verleugnen. Tod und Individualität hielten die Erinnerung daran wach. Die Geisteshaltung des Technikers sei gekennzeichnet durch „Deshumanisierung". Dem Zeitgenossen stelle sich die Welt nur noch als „Phantom" dar, er konsumiere sie in Bildern, so dass „die Welt als Welt verschwindet". Der Mensch sei völlig dem Konsum unterworfen und nur noch Mittel zum störungsfreien Ablauf des Wirtschaftsmechanismus (Zitate nach: Walter Schmitz, Hrsg., *Max Frisch, Homo faber. Materialien, Kommentar*, Literatur-Kommentare 5, München: Hanser, 1977, S. 44 f.).

2. Das Amerikabild

Amerikabild

Amerika galt bis zur Mitte des 20. Jahrhunderts als Land der Demokratie, der Freiheit und der unbegrenzten Möglichkeiten. Kritiker prangerten dann die Vermassung und Mechanisierung des amerikanischen Lebens an. Zuckmayer beschreibt dieses Negativklischee in einem Vortrag 1958:

> „Ein Land der phantasielosen Standardisierung, des flachen Materialismus, der geistfremden Mechanik. Ein Land ohne Kultur, ohne Drang nach Schönheit oder Form […] ohne Klassik und ohne Schlamperei, ohne Melos, ohne Apoll, ohne Dionysos." (Zit. nach: Schmitz, Hrsg., 1977, S. 128)

Das Amerika, das Frisch Faber und auch Marcel zeichnen lässt, entspricht den negativen Klischees der Amerikakritiker, die positive Züge aussparen. Dass aus Fabers verengter Perspektive nicht Frisch spricht, machen Arbeiten von ihm deutlich, in denen er sich mit Amerika durchaus differenziert auseinander setzt.

3. Das Problem der Geschlechterrollen

Geschlechterrollen

Frisch geht auf die verschiedenen Argumente zur Emanzipation der Frau und zur Stellung des Mannes im 20. Jahrhundert differenzierter ein als auf das Amerikabild und auch auf das Problem Technik/Mystik.
Repräsentativ für die überkommenen Ansichten über die Rolle von Mann und Frau sind die Gedanken, die Phi-

lipp Lersch in seinem Buch „Vom Wesen der Geschlechter“ 1950 äußert:

Lersch: Leitbild des Mannes

> „‚Der Verstandesmensch ist eine vorwiegend männliche Prägungsform […]. Das auszeichnende Merkmal des Verstandesmenschen ist seine Nüchternheit, d.h. jene Einstellung zur Welt und zum Leben, die die Dinge, Menschen und Ereignisse in reiner Tatsächlichkeit zu begreifen sucht und in Rechnung setzt, unbeeinflußt von Stimmungen und Gefühlen […]. Der Mann lebt mehr in einer Welt der Sachen und Sachverhalte, zu der die Gegenstandsgebiete des Praktisch-Handwerklichen, der Technik, der Wissenschaft […] gehören […], so wird die technische Bewältigung und Beherrschung der Umwelt zu einem Grundmotiv männlicher Daseinsthematik.‘“ Nach Lerschs Typologie vertritt Walter Faber ‚den Typus der Auflehnung […] des Mannes. Im Grunde ist sein Motiv Furcht – Furcht nämlich vor dem Lebensprinzip der Geschlechtlichkeit – und Quelle dieser Furcht sind Schwäche und biologische Unsicherheit.‘“ (Zit. nach: Schmitz, Hrsg., 1977, S. 132 f.)

Lersch äußert sich auch über das Wesen der Frau, das dem Kreislauf der Natur verbunden bleibt:

Bild der Frau

> „‚Das künstlerische Erleben ist […] der exemplarische Fall für die Möglichkeit menschlichen Seins, die in den Abstand der Versachlichung gerückte und damit entfremdete Welt wieder in Bindung zum lebendigen Menschen zu bringen Die Frau ist Mittlerin zur Kunst.‘ Nach dieser Typologie entspricht Hanna dem ‚Typus der Gattin. Der Wille, Kinder zu bekommen und zu haben, Mutter zu werden und zu sein, ist es, durch den das Bild vom Manne geformt und die Einstellung zu ihm bestimmt werden […].‘“ (Ebd.)

Entscheidende Anregungen für seine Auseinandersetzung mit dem Geschlechterproblem verdankt Frisch Simone de Beauvoirs 1951 in deutscher Übersetzung erschienenem Buch „Das andere Geschlecht“. Sie beschreibt darin die Rolle der emanzipierten Frau, die sich selbst nicht als wesensmäßig anders als der Mann begreift und im Versuch, es dem Mann gleichzutun, in Konflikt mit den bestehenden Herrschaftsverhältnissen gerät:

Simone de Beauvoir: „Das andere Geschlecht“

> „Sie ist stolz darauf, zu denken, zu handeln, zu arbeiten, etwas zu erschaffen, wie Männer dies tun; anstatt jene zu diskreditieren, erklärt sie sich als gleichgestellt. […] Allein durch ihre berufliche Tätigkeit hat sich die Frau dem Manne angenähert, nichts anderes garantiert ihre praktische Freiheit.

Wenn sie einmal aufhört, ein Parasit zu sein, zerfällt das Fundament ihrer Abhängigkeit; keine Notwendigkeit für einen männlichen Vermittler liegt zwischen ihr und dem Universum." (Zit. nach: Mona Knapp, „Moderner Ödipus oder blinder Anpasser? Anmerkungen zu ‚Homo faber' aus feministischer Sicht", in: Walter Schmitz, Hrsg., ***Frischs „Homo faber"***, Frankfurt a. M.: Suhrkamp, 1983, S. 197)

Verbindung der Bilder

Die Bilder von Technik, Amerika und der Frau sind in den 50er-Jahren zu Allgemeinplätzen geworden und verbinden sich miteinander im gesellschaftlichen Bewusstsein und im Roman.

Der Autor über seinen Roman

In Interviews und Gesprächen äußerte sich Frisch selbst über seinen Roman „Homo faber". So sagte er zur allgemeinen Problematik im Gespräch mit einer Berliner Schulklasse:

Bildnis-problematik

„Dieser Mann lebt an sich vorbei, weil er einem allgemein angebotenen Image nachläuft, das (sie) von ‚Technik'. Im Grunde ist der ‚Homo faber', dieser Mann, nicht ein Techniker, sondern er ist ein verhinderter Mensch, der von sich selbst ein Bildnis gemacht hat, der sich ein Bildnis hat machen lassen, das ihn verhindert, zu sich selber zu kommen." (Zit. nach: Schmitz, Hrsg., 1977, S. 16)

Entlarvung durch Sprache

Der Bildnisproblematik soll die Rollenprosa entsprechen:

„Im Fall von Homo faber hat es eine besondere Bewandtnis dadurch, daß dieser Mann, er ist Ingenieur, also nicht Literat, durch seine Sprache, die er verwendet für seinen Bericht, denunziert wird. Er spielt eine Rolle, er verfällt einem Bildnis, das er sich gemacht hat von sich. Er lebt an sich vorbei, und die Diskrepanz zwischen seiner Sprache und dem, was er wirklich erfährt und erlebt, ist das, was mich dabei interessiert hat. Die Sprache ist also hier der eigentliche Tatort. […] Wir sehen, wie er sich interpretiert. Wir sehen im Vergleich zu seinen Handlungen, daß er sich falsch interpretiert. Wäre das in Er-Form, so wäre ich als Autor der herablassende Richter, so richtet er sich selbst." (Ebd., S. 17)

Tagebuchform

Frisch äußerte sich auch zur Tagebuchform des Romans:

„[…] Die Form des Tagebuchs, so wie ich sie für mich entwickelt habe […] ich spreche vom Tagebuch als

> literarische Form […] der Roman ‚Homo faber', vorgelegt als Tagebuch eines Moribunden –: man kann wohl sagen, die Tagebuchform ist eigentümlich für den Verfasser meines Namens […]." (Zit. nach: Materialien, S. 19)

Zum Problem des Zufalls schreibt Frisch in seinem „Tagebuch 1946–49":

Zufall und Schicksal

> „Das Verblüffende, das Erregende jedes Zufalls besteht darin, daß wir unser eigenes Gesicht erkennen; der Zufall zeigt mir, wofür ich zur Zeit ein Auge habe, und ich höre, wofür ich eine Antenne habe. […] Natürlich läßt sich denken, […] daß es noch manche Zufälle gäbe, die wir übersehen und überhören, obschon sie zu uns gehören; aber wir erleben keine, die nicht zu uns gehören. Am Ende ist es immer das Fällige, was uns zufällt." (Max Frisch, *Tagebuch 1946–49*, München: Knaur, 1971, S. 341)

In Bezug auf den Roman äußerte er sich zum gleichen Problem:

> „Der Witz des Buches, der Kniff […] ist ja der: Es ist fast die unwahrscheinlichste Geschichte, die man sich ersinnen kann […] Da ist wirklich ein Zufall nach dem andern: auf dem Schiff trifft er die Tochter; er trifft den Schwager seiner Frau. (sic) […] Wenn ich das mit Schicksalsgläubigkeit erzählen würde, so würde jeder mit Recht nach fünfzehn Seiten auflachen und sagen: ‚Das auch noch! Hab' ich's mir doch gedacht! Und wen trifft er jetzt?' Und da trifft er die da. – Und der Witz daran ist, daß ein Mensch, der in seinem Denken die Zufälligkeit postuliert, eine Schicksalsgeschichte erlebt. (Zit. nach: Schmitz, Hrsg., 1977, S. 17)

Die Schicksalsproblematik gehört also zu Walter Faber. Frisch selbst will nicht als „Schicksalsgläubiger" missverstanden werden. Er sagt auch deutlich, dass er keine Identifikation mit dem Mythos beabsichtigt:

Beziehung zum Mythos

> „[…] es genügt, wenn darauf aufmerksam gemacht wird, daß der Inzest zwischen Walter Faber und seiner Tochter der Ödipus-Geschichte zuwiderläuft; genauer gesagt, daß es eben der umgekehrte Fall von Inzest ist. Der hartnäckige Irrtum, die Geschichte berufe sich auf den Mythos von Ödipus kommt natürlich daher, daß hier tatsächlich auf die tragische Dimension der antiken Dramen angespielt wird." (Ebd., S. 57)

Interpretationsansätze

Die Interpretationen des Romans unterscheiden sich hauptsächlich im Hinblick auf drei Problembereiche:
1. Bewertung der mythologischen Bezüge
2. Bewertung der Cuba-Episode
3. Schwerpunktsetzung

Mythologische Bezüge

Griechisches Drama

Manche Interpreten sehen wichtige Gemeinsamkeiten mit dem antiken griechischen Drama. So schreibt Kaiser in seiner erstmals 1959 erschienenen Interpretation:

> „So ist es kein Zufall, wenn in Frischs Werk bei genauerem Zusehen im modernen Gewand Begriffe und Vorstellungen der antiken Tragödie auftauchen: der Homo faber ist nichts anderes als der Mensch in der Hybris, der von den Göttern und dem Schicksal gestraft wird – Faber denkt an den Schlangenbiß, der Sabeth verletzte, als an eine Strafe der Götter […]. Der Mensch, der lebt, wie er will, muß erleiden, was er soll; er wird vom Schicksal auf sein wirkliches Maß zurückgeführt." (Gerhard Kaiser, „Max Frischs ‚Homo faber'", in: Walter Schmitz, Hrsg., *Über Max Frisch II*, Frankfurt a. M.: Suhrkamp, 1976, S. 279)

Neuere Interpreten wie Frederik A. Lubich (1990) arbeiten ebenfalls deutlich den mythologischen Bezug heraus:

> „Frischs *Homo faber* fügt beide Seiten (der) Moderne, ‚technische' Welt-Eroberung und ‚mystische' Welt-Erkenntnis, gleichsam wie Über- und Unterbau spannungsreich zu einem Ganzen zusammen. Auf Grund seines phänotypischen Verweischarakters gewinnt Fabers Statur in beiden Bereichen mythische Konturen. Als technischer ‚Beherrscher der Natur' (116) ist er die Personifikation zweier mythischer Heroen, die – quasi als antike Projektionsfiguren entworfen – erst im Zeitalter der Technik ihre ganze Größe entfalten. Das eine Mythen-Vorbild ist Ikarus. […] Faber, der Roboter-Prophet und Flug-Experte, ist ein moderner Nachfahr des Himmelsbezwingers. In diesem Licht gibt sich denn auch das technische Versagen der ‚Super-Constellation' als […] Ikarussturz zu erkennen. – Das andere Heroen-Vorbild ist Prometheus. Fabers Überlegungen zur Geburtenkontrolle […] stehen ganz in prometheischer Tradition. Faber, der ‚Mensch als Ingenieur' (116), folgt Prometheus in seinem Griff nach der göttlichen Schöpfungsmacht […] und teilt mit ihm Scheitern und Untergang. […] Faber folgt auch blind den Spuren des

Odysseus. […] Auch Fabers Montagetouren sind eine Odyssee rund um die Welt; wie der homerische Held ist er für zwei volle Jahrzehnte von der früh Verlassenen getrennt." (F. A. Lubich, *Max Frisch, „Stiller", „Homo faber" und „Mein Name sei Gantenbein"*, München: Fink, 1990, S. 78 f., 80)

Vor allem werden Beziehungen zwischen Frischs Roman und der Tragödie „König Ödipus" von Sophokles gesehen. So schreibt Gerhard Friedl (1992):

„Die Motive im ‚Homo Faber' die auf den ‚König Oidipus' Bezug nehmen, sind deutlich und zahlreich. […] Der Blendungsgedanke Fabers wurzelt in einem weiten Motivfeld, das sowohl Frischs Roman als auch den ‚König Oidipus' durchzieht. […]

Der ‚König Oidipus' klingt in Frischs Roman aber nicht nur in einzelnen Motiven oder Orten an, sondern es zeigen sich erstaunliche Parallelen im Geschehen und seiner Struktur. Beide Werke sind analytisch aufgebaut. […]

Oidipus und Faber sehen sich mit dem Tod konfrontiert, dem in einem Fall der Vater, im anderen die Tochter zum Opfer fallen und in den sie selbst verwickelt sind. Während jener sich als Mörder seines Vaters erkennen muss, den er bei der Tat aber, ohne dass er etwas dafür kann, nicht kennt, wird diesem, gerade umgekehrt, auf den ersten Blick keine Schuld am Tod Sabeths zuzuweisen sein, wohl aber dafür, dass die enge verwandtschaftliche Beziehung durch das falsche und selbstbetrügerische Vertrauen auf ungeeignete Rechenkunststücke im Dunkeln bleibt. […] Beide verwickeln sich unbewusst in eine inzestuöse Beziehung, wobei sich das Mutter-Sohn-Verhältnis im ‚König Oidipus' in eines zwischen Vater und Tochter im ‚Homo faber' umkehrt." (G. Friedl, in: *Der Deutschunterricht* 44, 1992, S. 56 ff.)

Cuba

Auch in der Bewertung der Bedeutung der Cuba-Episode für Walter Faber unterscheiden sich die Interpreten. Dass sie für ihn eine große Bedeutung hat, wird nicht bestritten, wohl aber ist man unterschiedlicher Meinung in der Frage, ob sie einen Wendepunkt für Faber bedeutet oder nicht.

Für Kaiser (1959) ist Cuba Zeichen eines Durchbruchs:

Cuba als Durchbruch

„Ihren Kulminationspunkt erreicht diese seelische Wandlung Fabers während eines viertägigen Aufenthalts in Habana, kurz vor der letzten Rückkehr zu Hanna. Faber, der ruhelose und blicklose, kommt zum Schauen. In Schauen und sinnlicher Wahrnehmung wird ihm die Welt vertraut […]. Er ist glücklich im Erlebnis von Wasser, Sonne, Wind; er singt im Sturm […], und ein unbekannter Enthusiasmus, ein euphorischer Rausch des Gefühls und der Stimmungen geht über ihn hin. Bewußt filmt er nicht mehr: ‚Wozu! Hanna hat recht: nachher muß man es sich als Film ansehen, wenn es nicht mehr da ist, und es vergeht ja doch alles – Abschied.' In diesen Sätzen liegt ein Verzicht auf mechanische Vermittlungen zur Natur, denen Faber bisher allein vertraut hatte, ein Verzicht aber auch auf die krampfhafte Abschirmung gegen den Lebensrhythmus, die seine ursprüngliche Haltung bestimmt hatte. Faber will sich nicht mehr fixieren. Während er früher dieselbe Haltung als ‚Künstlerquatsch' […] negiert hatte, kommt er nun zur schärfsten Ablehnung des American Way of Life als eines Versuchs, den Tod abzuschaffen, durch den sich der Mensch seiner Würde beraubt […]. Faber selbst nimmt die Vergänglichkeit, Krankheit, Tod und damit die Natur, das Leben an." (S. 274)

Die Cuba-Episode als Verfehlung der Wirklichkeit

Schmitz (1991) dagegen betont, dass Faber – wieder einmal – die Realität verfehlt:

„In der Cuba-Episode weicht die Belustigung der Sehnsucht. Als Inbegriff alles dessen, wovon sich Faber ausgeschlossen wähnt, wird ‚Cuba' ‚projektiv' erlebt, so daß das Geständnis: ‚Sehr allein' zum Leitmotiv dieser Insel-Episode wird. Die Beschreibung Cubas schöpft aus dem Motivinventar des vitalistischen Exotismus, die Stellung Fabers dazu ist modelliert im heroischen Existentialismus Camus', die ‚ästhetische Topographie' zwiefältig, einmal das ‚Bewußtseinsland', andererseits die reale Insel, wo heutzutage, im Zeitalter des Tourismus, jeder hinfahren kann. Auch Stiller hatte ein doppeltes Amerika erlebt. Der euphorische Tourist Faber starrt auf die Klischees, die er sich vorgaukelt, und übersieht die Wirklichkeit; Mißverständnisse häufen sich wie üblich, die Sexualität überschlägt sich in phantastische Promiskuität, gierig und irreal, denn Faber ‚blamiert' sich als Mann, ‚preist das Leben', ein impotenter Moribunder. Sarkastisch gestattet der Roman dem Todgeweihten, der nie wahrhaftig ‚sah', eine Illusion zum Abschied: Einmal im Leben wechselt Faber das ‚image' und leistet sich, des anstrengenden Berufes müde, einen luxuriösen Existentialismus." (W. Schmitz, Hrsg., *Frischs „Homo faber"*, Frankfurt a. M.: Suhrkamp, 1991, S. 216)

Schwerpunktthema des Romans

Faber als Typ des technisch orientierten Menschen

In vielen Interpretationen wird Faber als Techniker dargestellt, der an der Verabsolutierung dieser Denk- und Verhaltensweisen scheitert. So schreibt schon Kaiser (1959):

> „[…] die individuelle Persönlichkeit zeigt zeittypische Züge, die die Gestalt repräsentativ machen. Der Ingenieur Walter Faber ist der Homo faber, das Urbild des technischen Menschen, wobei unter diesem Terminus nicht nur speziell der Techniker, sondern ganz allgemein der von der technischen Welt geprägte und ihre Kategorien bewußt oder unbewußt akzeptierende Mensch verstanden ist. Nachdem Faber sich bereits selbst von Fall zu Fall als Typus des Ingenieurs interpretiert hat, vollzieht sich in seiner Auseinandersetzung mit Hanna nun auch expressis verbis die Sinngebung seines Schicksals zum Schicksal des Homo faber." (S. 275)

Lubich (1990) betont Fabers Denken in Oppositionen:

> „TECHNIK-AMERIKA-MANN versus MYSTIK-EUROPA-FRAU, diese Oppositionssequenz konstituiert ein umfassendes Koordinatensystem von Projektionsfeldern, in welchem der fundamentale Antagonismus zwischen Verstand und Gefühl seine beziehungs- und gestaltungsreiche Repräsentation findet. Die treibende Kraft dieser Wertvorstellung ist immer wieder der Verdrängungskomplex von Sexualität und Tod: die Abwehr des Bedrohlichen und Unbekannten, bzw. seine Verschiebung und Verdichtung […]." (S. 54)

Scheitern am „Bildnis"

Andere Interpretationen betonen mehr die Rollenhaftigkeit von Fabers Existenz. Repräsentativ für diese Interpretationsrichtung steht Schmitz (1977):

> „Den ‚Homo faber' als Eheroman, besser: als Roman einer verpaßten Ehe zu deuten, heißt, dem Vorwurf des Privatismus, den man Max Frisch oft genug machte, neue Argumente zu leihen. Doch das Bildnis, das sich Faber von seiner Umwelt macht und auf das letztlich seine private Katastrophe zurückzuführen ist, taucht nicht unverhofft aus existentiellen Tiefen auf. Wie gezeigt wurde, selegiert und nutzt Frisch in seinem Roman gesellschaftlich vorgegebene Klischees. Indem er seinen Helden diesen folgen und eben daran scheitern läßt, problematisiert er einerseits den sozialpsychologischen Prozeß der Stereotypenbildung, andererseits jene Bereiche, die zur verfehlten Identifikation einladen. Siegfried Unselds Behauptung bestätigt sich auch am ‚Homo faber':

> ‚Das zentrale Thema des Werks von Max Frisch ist das Problem von Identität und Rolle, von möglicher Freiheit und gesellschaftlicher Etablierung.'[…] Gesellschaftlich fabrizierte Bildnisse verstellen dem einzelnen, der nach dem ‚wirklichen Leben' verlangt, die Welt und seine Mitmenschen."
> (W. Schmitz, ***Max Frisch, „Homo faber". Materialien, Kommentar,*** München: Hanser, 1977, S. 85)

Christa Thomassen (2001) sieht mit dem Bildnisproblem das Problem der Lebensangst verbunden:

> „Faber verdrängt seinen Tod, weil er seine Angst verdrängt. Seine ganze Persönlichkeit ist gekennzeichnet von Angst. Es ist nicht weniger Angst vor dem Leben als vor dem Tod. Angst vor dem Tod ist im Grunde Angst, nicht gelebt zu haben. Und dies fürchtet Faber, und mit Recht. Damit ist Frisch bei seiner Grundfrage, der Frage nach gelungenem oder verfehltem Leben. Seiner Ansicht nach ***gibt*** es Selbstverwirklichung, […] Selbstfindung heißt bei Frisch immer wieder Befreiung vom Zwang des Bildnisses, auch vom Zwang des Selbstbildnisses. […] Nur der zu sich selbst kommende und mit sich selbst identische Mensch ist wirklich frei und gewinnt also auch die Freiheit dem Tod gegenüber." (Ch. Thomassen, ***Schreiben heißt sich selber lesen.*** Max Frischs Romane „Stiller" und „Homo faber" Mainz: C.-P.-Verlag, 2001, S. 65)

3 Schnellcheck

Übersicht 1: Erste Station – Aufbau und Erzählerfigur

Übersicht 2: Zweite Station – Aufbau und Erzählerfigur

Übersicht 3: Der distanzierte Leser

Übersicht 4: Bildnisproblematik

Übersicht 5: Fabers Selbstbild und sein Frauenbild

Übersicht 6: Fabers Weltbild

Übersicht 7: Fabers Verhältnis zur Natur

Übersicht 8: Leitwörter und Motive

Übersicht 1: Erste Station – Aufbau und Erzählerfigur

Ausgangssituation

- Walter Faber ist in Caracas erkrankt und muss das Bett hüten.
- Er schreibt währenddessen (21. Juni bis 8. Juli 1957) einen Bericht über die vorausgegangenen Ereignisse.

↓

Bericht über die Ereignisse vom
25. März 1957 (Abflug New York)
bis 28. Mai 1957 (Sabeths Todestag)

enthält eingeschobene Berichte
über die Ereignisse von
1933 bis 1936 (Vorgeschichte)

↓

Schreibanlass

Faber möchte Hanna, der Mutter ihrer gemeinsamen Tochter Sabeth, die Ereignisse schildern, die zu Sabeths Tod geführt haben, und sich selbst Rechenschaft über seine Schuld am Tode der Tochter ablegen.

↓

Faber als auktorialer Erzähler

- Faber schildert die Ereignisse als sich erinnernder, auktorialer Ich-Erzähler.
- Ebenso ist er am Geschehen, von dem er aus der Distanz erzählt, als erlebendes Ich beteiligt.

Übersicht 2: Zweite Station – Aufbau und Erzählerfigur

Ausgangssituation

Während eines Krankenhausaufenthalts in Athen (19. Juli bis 26. Juli 1957) setzt Walter Faber seinen Bericht fort. Daneben führt er ein handschriftliches Tagebuch.

Bericht über die Ereignisse und Reisen nach Sabeths Tod vom 1. Juni 1957 (Rückkehr nach New York) bis 18. Juli 1957 (Athen)

eingeschobenes, handschriftliches Tagebuch über Fabers Krankenhausaufenthalt vom 19. Juli 1957 (erster Tag im Krankenhaus) bis Morgen des 26. Juli 1957 (Tag der Operation)

Faber als auktorialer Erzähler

- Faber berichtet wie schon in der „Ersten Station“ als auktorialer Ich-Erzähler über das vergangene Geschehen.
- Er blickt als erinnerndes Ich und mit Distanz auf sich selbst als erlebendes Ich (zugleich Berichterstatter der „Ersten Station“) zurück.

Faber als personaler Erzähler

- Faber berichtet als personaler Ich-Erzähler.
- Die Distanz zwischen erinnerndem und erlebendem Ich ist aufgehoben; Faber schildert seine Gedanken und Gefühle unmittelbar.

Übersicht 3: Der distanzierte Leser

"Homo faber" ist ein Rollenroman und in der Ich-Form erzählt.

Faber ist

auktorialer Ich-Erzähler

personaler Ich-Erzähler

Der Leser identifiziert sich mit Faber. Er nimmt Anteil an seinen Zweifeln, Ahnungen, Irrtümern, Gedanken und Gefühlen.

Max Frisch verhindert allerdings eine unkritische Identifikation des Lesers mit dem Ich-Erzähler. Er schafft zwischen beiden eine Distanz, die den Leser erkennen lässt, dass Fabers Bericht subjektiv gefärbt, darum unzuverlässig, mitunter auch unglaubwürdig ist.

Frisch schafft Distanz des Lesers durch:

- **Ungereimtheiten und Widersprüche** zwischen Aussagen vor allem des auktorialen Ich-Erzählers einerseits und seinem Verhalten andererseits,
- Aussagen Fabers, die mitunter im **Widerspruch zum Kontext stehen**,
- **Vorausdeutungen**, die dem Leser einen Wissensvorsprung verschaffen und es ihm ermöglichen, die Handlungen des erlebenden Ichs und ebenso die Aussagen des Erzählers kritisch zu beurteilen,
- **diskontinuierliche Erzählweise**; Fabers „Bericht" entspricht nicht den Erfordernissen der Textsorte: statt linearer Chronologie zeitliche Verschachtelungen, Vorwegnahmen, Rückblenden.

Übersicht 4: Bildnisproblematik

Max Frisch misstraut den Bildern, die sich die Menschen voneinander machen.

↓

Sie können zu starren Mustern geraten, zu „Bildnissen", wie Frisch sagt, an denen sich die Menschen ausrichten und die ihnen die Möglichkeit rauben, sich zu entwickeln oder zu wandeln.

↓

Menschen, die in „Bildnissen" gefangen sind, spielen Rollen, die ihren Blick auf das eigene Selbst und die Individualität anderer Menschen verstellen und ihren Blick auf die Welt einschränken.

Vor allem Faber und Hanna sind in Rollenbildern gefangen, die ihre Weltsicht und Selbsteinschätzung bestimmen und sie schließlich daran hindern, einen positiven Lebensentwurf zu verwirklichen.

Faber

- ist gefangen in seiner Rolle als Techniker und rational urteilender Mensch.
- Er ist ein "Homo faber", ein schaffender Mensch, der die Welt und sein Leben auf das „Übliche", das Bekannte und Berechenbare, reduziert und so verfehlt.
- Erst spät (nach Sabeths Tod und angesichts seiner eigenen tödlichen Krankheit) gesteht er sich seine Fehlorientierung ein und gelangt auf den Weg der Selbsterkenntnis.

Hanna

- wollte ein Kind, „das keinen Mann etwas angeht" (218).
- Sie ist fortan Gefangene in ihrer Rolle als alleinerziehende Mutter. Faber, den Vater des Kindes, schließt sie aus und erwähnt ihn auch ihrer Tochter Sabeth gegenüber nicht.
- So trägt sie Mitschuld am Inzest und am Tode Sabeths. Am Ende des Romans gibt sie Beruf und Wohnung auf und bleibt ohne Perspektive.

Übersicht 5: Fabers Selbstbild und sein Frauenbild

Er meint, die Erscheinungswelt als objektiv gültige Wirklichkeit rational erfassen und beherrschen zu können.

Er glaubt, er könne intellektuell überlegen die Natur (auch die eigene) und jede Lebenssituation kontrollieren.

Faber tritt als erfolgreicher Techniker und unbeirrbarer Rationalist auf.

Er nennt sich einen „wirklichen Mann" (98), einen Mann, der „mit beiden Füßen auf der Erde steht" (50) und in seiner Arbeit lebt.

Er meint, allein (zumal ohne Frau) und aus den eigenen Möglichkeiten heraus leben zu können.

Er hält Frauen für irrational, glaubt, sie seien von Gefühlen und Stimmungen beherrscht, unterstellt ihnen einen Hang zum „Mystischen".

Er äußert sich in verallgemeinernden Klischees über sie: „Alle Frauen haben einen Hang zum Aberglauben." (153)

Faber stellt Frauen als Gegenstand dar und urteilt abschätzig über sie.

Er vergleicht sie mit Efeu (Ivy), einer alles umrankenden Schlingpflanze, und hält dagegen: „Ich will allein sein!" (99)

Sexuelle Beziehungen werden nach Fabers Darstellung von der Frau begonnen, und zwar gegen seinen Willen (bei Ivy, ebenso bei Sabeth).

Übersicht 6: Fabers Weltbild

Faber denkt und urteilt im Sinne seines geschlossenen Bildes einer rational und technisch bestimmten Welt.
Alle Vorkommnisse, die sich nicht in dieses Bild einfügen, die besonders, neu oder einmalig sind, versucht er auf zweierlei Weise zu beherrschen:

Reduktion aufs „Übliche"

Er reduziert ungewöhnliche Begegnungen oder Ereignisse auf das „Übliche", das Bekannte und Berechenbare und versucht sie so seinem Selbst- und Weltbild anzupassen.

Reduktion auf Gegenbilder

Er vereinfacht ungewöhnliche Vorkommnisse so weit, dass er sie als schlichte Gegenbilder, als das andere, Irrationale, ablehnen und aus seiner Welt ausgrenzen kann (dualistisches Weltbild).

Mit diesen **Strategien der Vereinfachung**, seinen Versuchen, die Komplexität des Lebens zu reduzieren, verzerrt Faber die Realität. Er bleibt Gefangener seines Selbstbildes und lebt an der Wirklichkeit vorbei.

Fabers dualistisches Weltbild, sein Denken in Gegenbildern und Oppositionen, durchzieht den gesamten Roman.

positiv bewertet (= rational)	**negativ bewertet (= anders, irrational)**
Technik/Rationalität	Natur
Technik	Mystik
Mann	Frau
Berechenbarkeit/Statistik	Ausnahme/das Einmalige
Vernunft	Mythos
Zufall	Schicksal

Übersicht 7: Fabers Verhältnis zur Natur

Technik

↕

Natur

Naturräume wie Wüste und Dschungel; Naturerscheinungen; Vegetation; Körper; Frauen; Sexualität; Werden und Vergehen/Tod

Im Sinne seines dualistischen Weltbildes begreift Faber die **Natur als** eine **negative Gegenwelt**, die er nur so lange nicht als bedrohlich wahrnimmt, wie er mit den Mitteln der Rationalität und allerlei technischem Gerät über sie herrschen kann.

Wüste und Dschungel

↓

Fabers Strategien versagen.
Er ist der Natur ausgeliefert, verunsichert, „nervös".

Vor allem den Dschungel deutet Faber als aggressiven Feind.
Er lähmt ihn, macht ihn „unfähig zu irgendeinem Entschluß". (40) Er präsentiert sich ihm als untrennbares Ineinander von Zeugung, Geburt, Leben und Tod:
„Brunst oder Todesangst, man weiß es nicht." (45)

Faber überträgt seine verdrängten Gefühle, Ängste, Triebe auf die Dschungelnatur. So wie sie wird und stirbt, so entsteht und vergeht auch der Mensch; der Gedanke daran, selbst Teil der Natur zu sein, zu der auch der Tod gehört, ist Faber zunächst unerträglich.

Erst spät gesteht er sich ein, selbst in den natürlichen Kreislauf von Werden und Vergehen eingebunden zu sein:
„… und es vergeht ja doch alles – Abschied." (198).

Übersicht 8: Leitwörter und Motive

üblich / nervös

Miteinander korrespondierende Adjektive; kommen im Roman häufig vor. Sie zeigen, dass Faber ungewöhnliche Situationen verunsichern, „nervös", machen und er sie durch die besondere Betonung des Bekannten und Ordnungsgemäßen, des „Üblichen", zu beherrschen versucht.

Nacktheit

Bedeutet Zugehörigkeit zum kreatürlichen Bereich, Ungeschütztsein, Wahrheit, Rollenlosigkeit.

Spiegelmotiv

Im Spiegel sieht sich Faber so, wie er ist, aber nicht sein will: in seiner Kreatürlichkeit, Hinfälligkeit, Todesnähe.

Fotografieren / Filmen

Technische Medien treten zwischen Faber und den Gegenstand des Erlebens, schaffen Distanz, reduzieren das Erlebte auf den optischen Gehalt („Bildnis").

Rasieren

Mit Hilfe des technischen Geräts wehrt Faber die vegetative Natur am eigenen Körper ab.

Blindheit

Drückt Fabers Unfähigkeit aus, die Wahrheit über sein Verhalten und seine Beziehung zu Sabeth zu erkennen.

Todessymbolik

Fabers Ohnmachtsanfälle; sinkende Sonne im Dschungel; Entdeckung des toten Joachim; Spiegelszenen; Motiv des Grabmals; das wiederkehrende Auftreten der Zopilote; Verkörperung des Todes durch Professor O., Fabers Vor- und Spiegelbild

4 Prüfungsaufgaben und Lösungen

Die Aufgaben gehen von folgenden Themen bzw. Textstellen aus:

1. Fabers altes Selbst- und Weltbild („Erste Station“, 7–174)
2. Fabers Beziehung zu Hanna Landsberg
3. Fabers Beziehung zu Sabeth
4. Der Cuba-Aufenthalt (187–198)
5. Die Schuldproblematik
6. Die Bedeutung von Erzählweise und Erzählmerkmalen
7. Textanalyse („Diskussion mit Hanna“, 184 f.)
8. Literarische Erörterung („Ich bin Techniker und gewohnt, die Dinge zu sehen, wie sie sind.“ 25)

1 Fabers altes Selbst- und Weltbild

Textgrundlage

„Erste Station“ (7–174)

Kontext

Fabers Reisen in Amerika (7–75)
Seine Schiffsreise nach Europa (75–104)
Seine Reisen in Europa (104–174)

Aufgabenstellung

1.1 Wie sieht Walter Faber sich und die Welt?
1.2 Wie verhält er sich äußeren Eindrücken gegenüber?
1.3 Welches Verhältnis hat er zu Schicksal oder Fügung?
1.4 Welche Bedeutung hat für ihn die Natur?
1.5 Welche Meinung hat er über die Kunst?
1.6 Was hält Faber von menschlichen Gefühlen und Beziehungen?
1.7 Wie kann der Leser Fabers Verhalten deuten?

Lösungsvorschlag

Zu 1.1

- Walter Faber macht sich von sich selbst ein Bild bzw. Konzept, dem er unbedingt entsprechen will.
- Er sieht sich als Techniker, der die Welt und die Menschen allein unter zweckrationalen Gesichtspunkten sieht und den Bereich des Irrationalen ablehnt.
- Technik ist für ihn eine Lebensform, die sein gesamtes Wesen und sein Verhalten zur Umwelt und zu seinen Mitmenschen prägt.
- Damit übernimmt er ein Rollenangebot, das seit dieser Zeit immer mehr Bedeutung gewinnt.
- Im Gegensatz zur Technik steht für ihn die „Mystik“. So bezeichnet er die Bereiche der Gefühle und der Fantasie, die er als weibisch ablehnt.
- Seiner Rolle als Techniker entspricht seine Rolle als Mann, der die Dinge in den Griff bekommt und allein für seine Arbeit lebt.
- Dieses allein durch die Vernunft gesteuerte Selbstbild lässt Schwächen nicht zu und klammert deshalb Alter, Krankheit und Tod aus dem Leben aus.

- Fabers Bild der Welt ist gekennzeichnet durch Rationalität, Zweckmäßigkeit, Durchschaubarkeit und Geschlossenheit.
- Er meint, wenn sich alles Mögliche und Unwahrscheinliche mathematisch erfassen lässt, sei es beherrschbar und verliere seine Bedrohlichkeit.

Zu 1.2

- Walter Faber lehnt es ab, die Eindrücke unterschiedlicher Art, die auf ihn einwirken, zu erleben.
- Er bemüht sich, sie allein unter sachlichen Gesichtspunkten zu sehen und auf ihre technische Seite zu reduzieren.
- Die Fantasie ersetzt er durch Erklärungsversuche der Erscheinungen der Natur und des Lebens.
- Er bemüht sich darum, existenzielle Ereignisse wie den Tod von sich fernzuhalten und durch das Medium der Kamera zu objektivieren.
- Er öffnet sich nicht den Besonderheiten des Lebens oder den Erlebnissen, sondern entkleidet sie ihrer Besonderheit und Bedeutsamkeit dadurch, dass er sie als „üblich“ ansieht. Auf diese Weise passen sie in die geschlossene technische Welt, die er sich vorstellt.

Zu 1.3

- Faber glaubt nicht an Schicksal oder Fügung. Er vertraut auf die Mathematik und bezeichnet alles, was sich nicht mathematisch-rational erfassen lässt, als „Mystik“, die er ablehnt.
- Es gibt für ihn nur durch den Zufall hervorgerufene unglückliche Konstellationen von Ereignissen, denen seine Tochter schließlich zum Opfer fällt.
- Auf Grund seines Wahrscheinlichkeitsdenkens glaubt Faber, dass die Statistik auch im Bereich des Lebens und der zwischenmenschlichen Beziehungen eine legitime Aufgabe erfüllt.

Zu 1.4

- Walter Faber will als Techniker die äußere Natur beherrschen und leidet darunter, wenn ihm dieses nicht gelingt (Beispiel: Urwald).
- Er ist auch in der Wüste stark verunsichert, weil es keine technischen Möglichkeiten gibt (z. B. Strom zum Rasieren).
- Er hat Schwierigkeiten mit der natürlichen Seite des Menschen und versucht diesen Bereich ebenfalls mit technischen Mitteln zu kontrollieren (z. B. Schwangerschaftsunterbrechung).
- Sexualität verunsichert ihn, denn Triebhaftigkeit passt nicht in sein Selbstkonzept als Techniker, der die Natur beherrscht (Beispiel: die Nacht mit Ivy).
- Er projiziert in die Natur seine eigenen Triebe, Gefühle und Ängste, die er unterdrücken will, indem er sie beherrscht.

Zu 1.5

- Der irrationale Bereich der Kunst verunsichert ihn, weil er sich nicht rational kontrollieren lässt.
- Für den Techniker Walter Faber gehören Literatur und Kunst zum Bereich der „Mystik", den er ablehnt.
- Zuerst begegnet er der Maya-Kunst, für die er kein Verständnis entwickelt, obwohl er die Bautechnik und Astronomie der Mayas bewundert.
- Bildende Kunst, Malerei und Literatur sind für ihn unzweckmäßig und werden deshalb in ihrer Bedeutung als gestalthafte Ausdrucksformen menschlichen Lebens nicht verstanden.

Zu 1.6

- Faber kann sich nicht auf seine Mitmenschen einstellen und ihnen keine emotionale Zuwendung geben. Sie sind für ihn anstrengend. Deshalb geht er nicht gern zu Gesellschaften.
- Er will am liebsten keinen Kontakt zu anderen Menschen haben, allein sein und aus den eigenen Möglichkeiten leben.
- Gefühle sind für ihn Zeichen der Schwäche und Ermüdungserscheinungen, die man überwinden muss.
- Im Verhältnis zu Frauen verunsichert ihn deren Gefühls- und Anlehnungsbedürfnis sowie ihre Unberechenbarkeit. Sie haben seiner Meinung nach kein Verständnis für den Wunsch des Mannes nach Unabhängigkeit.

Zu 1.7

- Der Leser erkennt, dass Faber sich für den Typ des Technikers hält und sich ein entsprechendes Selbstkonzept macht, dem er durch eine völlig einseitige Sehweise der „Dinge" entsprechen will.
- Er erkennt, dass Fabers technisch-rationales Denken Ausdruck einer Lebensangst ist, die er auf diese Weise bewältigen will.
- Er erkennt auch, dass Faber durch sein Selbstbild als Techniker seine eigentliche Identität verfehlt und dass er sein Konzept nicht durchhalten kann.

2 Fabers Beziehung zu Hanna Landsberg

Aufgabenstellung

2.1 Welche Einstellung hat Faber Frauen gegenüber?
2.2 Wie sieht Faber seine Beziehung zu Hanna während der 1930er-Jahre?
2.3 Aus welchen Gründen scheitert diese Beziehung?
2.4 Wie gestaltet sich sein Verhältnis zu Hanna nach Sabeths Tod?
2.5 Wie reagiert Hanna auf die neue Situation?
2.6 Welche sonstigen Beziehungen hatten Faber und Hanna?
2.7 Wie lässt sich das Scheitern von Fabers und Hannas Beziehungen erklären?

Lösungsvorschlag

Zu 2.1
- Faber lehnt die Gefühlsbetontheit von Frauen ab (vgl. 98).
- Er reduziert sie auf ihre Geschlechtlichkeit (vgl. Ivy, 69 ff.) und hat Angst vor ihrer Sexualität, die ihm pervers vorkommt (vgl. 101).
- Er sieht sie als schmarotzerhafte Wesen und vergleicht sie mit Efeu („Ivy“) (99), einer rankenden und wuchernden Schlingpflanze, die allein kraftlos ist.
- Er betrachtet Beziehungen zu Frauen nur als Episoden, weil er Scheu vor Bindungen hat.
- In seiner Haltung Frauen gegenüber zeigt sich seine grundsätzlich rationale Einstellung zur Welt und zum Leben sowie seine Angst vor dem Irrationalen, vor Bindung und Gefühl.

Zu 2.2
- Rückblickend sieht Faber Hanna als selbstständige und konsequente, aber auch als schwärmerische, gefühlsbetonte und letztlich seelisch labile, unberechenbare und empfindliche Frau (vgl. 50).
- Er sieht die Beziehung zu ihr als glücklich an trotz gegensätzlicher Weltanschauung und gegensätzlicher Charaktere. Trotz seines Glaubens an die Statistik und ihres Glaubens an das Schicksal hätten sie einander verstanden (vgl. 49 f.).
- Nach seinen Angaben hätte Hanna nicht heiraten wollen (vgl. 33). Er sei zur Zeit der Schwangerschaft durchaus zur Heirat bereit gewesen. Dabei verstrickt er sich auch rückwirkend in widersprüchliche Aussagen.

Zu 2.3

- Faber will eigentlich weder heiraten noch Vater werden. Seine Karriere ist ihm wichtiger (vgl. 35, 51).
- Während er die Heirat aus äußeren Gründen vorschlägt, denkt er schon an Scheidung, die Hanna die Vorteile des Schweizer Passes lassen würde (vgl. 61).
- Er zeigt zwar moralisches Verantwortungsgefühl, aber er wagt nicht die Gemeinschaft. Er will seine Verpflichtungen einhalten, kein Feigling sein und die Geliebte nicht im Stich lassen.
- Seine Reaktion auf Hannas Mitteilung, sie sei schwanger, macht seinen Egoismus deutlich (vgl. 50 f.).
- Hanna ist zur Hochzeit bereit und will mit Faber zusammenleben, will aber nur aus Liebe heiraten. Nach dem Scheitern der Beziehung will sie Mutter werden und ihr Kind selbst erziehen, auch wenn sie neue Beziehungen nicht ablehnt.
- Sie lehnt im letzten Augenblick die Hochzeit ab, weil sie bei ihm zu Recht andere Motive als Liebe oder Zuneigung vermutet (vgl. 60 f.): ihre Aufenthaltsgenehmigung als Halbjüdin in der Schweiz, die Vorurteile der Gesellschaft gegenüber einer unverheirateten Mutter und einem unehelichen Kind.
- Die Beziehung scheitert wegen Fabers Egoismus, seiner Bindungsscheu, seinem Unverständnis Hanna gegenüber, vor allem aber wegen der unterschiedlichen Selbstkonzepte.

Zu 2.4

- Fabers Unverständnis gegenüber Hannas Weigerung damals, ihn zu heiraten, bleibt grundsätzlich bestehen. Immerhin bemerkt er, dass seine Formulierung „dein Kind“ eine Rolle gespielt hat.
- Hannas Auftreten, ihre Sachlichkeit, Lebenstüchtigkeit und ihr beruflicher Erfolg lösen bei ihm Verunsicherung und Bewunderung aus.
- Sie passt nicht mehr in die Rolle der „Schwärmerin“, die er im Gedächtnis hat, und er hat Schwierigkeiten mit ihrer neuen Rolle als emanzipierte Frau.
- Er ist zur Partnerschaft mit ihr bereit und will sie sogar heiraten (179), wieder nicht aus Liebe, sondern aus Schuldgefühlen, dem Bestreben nach Wiedergutmachung und dem Gefühl eigener Schwäche.
- Im Krankenhaus vertieft sich Fabers Beziehung zu Hanna. Gründe sind seine Angst vor dem Alleinsein, seine Krankheit und das Gefühl der Nähe zum Tod.
- Allerdings fragt er sich einmal, wieso Hanna nach dem schrecklichen Geschehen ihn ertragen kann (vgl. 209).
- Er tröstet sich in der Nacht vor seinem Tod mit seiner Freundschaft zu ihr und fühlt sich deshalb nicht allein (vgl. 215).

Zu 2.5

- Hanna hat sich aus Enttäuschung in ihren Beziehungen zu Männern auf ihre Mutterrolle fixiert, die sie mit großem Selbstbewusstsein wahrnimmt und auch dann nicht aufgibt, als die Tochter bereits eine erwachsene junge Frau ist.
- Sie erkennt ihre Bindung an Faber, ist aber trotzdem nicht zu einer Gemeinschaft mit ihm bereit, weil sie die Grundlage dazu, nämlich Liebe, immer noch vermisst.
- Sie macht Faber keine Vorwürfe wegen Sabeths Tod, weil sie erkennt, dass sein Verhalten eine Konsequenz seines Selbstverständnisses ist. Sie will aber von ihm unbedingt die Wahrheit über sein Verhältnis zu seiner Tochter wissen.
- Sie erkennt ihr eigenes Scheitern am Tode ihrer Tochter und empfindet ihr Leben deshalb als „verpfuscht“ (151).
- Ausdruck für ihre Entwurzelung ist, dass sie ihre Wohnung aufgibt und ihren Beruf kündigt (vgl. 216 f.).

Zu 2.6

- Faber berichtet von seiner ersten sexuellen Erfahrung mit seiner Lehrerin. Diese negative Erfahrung prägt und belastet Fabers Beziehungen zu Frauen in der Folgezeit. Er bezeichnet sie als „absurd“ (107 f.), wahrscheinlich wegen des Altersunterschieds. Den noch größeren Altersabstand zu Sabeth hält er nicht für „widernatürlich“ (185), wie Hanna meint.
- Sein Verhältnis zu Ivy zeigt seine Frauenangst und Bindungsunfähigkeit sowie die fehlende Integration des Sexuellen in seine Persönlichkeit. Hier wird die gleiche Grundhaltung deutlich, die schon zur Trennung von Hanna mit beigetragen hat. Da Ivy verheiratet ist, befürchtete er keinen Bindungswunsch.
- Hanna hat als Mädchen eine platonische Beziehung zu einem blinden älteren Mann, mit dem sie spazieren geht, der sie für das klassische Altertum begeistert (vgl. 199 f.) und Verständnis für sie hat.
- Hannas Beziehungen zu Joachim und zu Herrn Piper scheitern:
  - Von Joachim trennt sie sich wegen ihrer starken Fixierung auf Sabeth (vgl. 218), wegen Differenzen über Erziehungsprobleme und seinem Wunsch, mit ihr zusammen ein Kind zu haben (vgl. 219).
  - Sie trennt sich von Piper wegen seines politischen Opportunismus (vgl. 156).

Zu 2.7

- Die Beziehung scheitert wegen unterschiedlicher Einstellungen in Bezug auf wesentliche Probleme des Lebens und der damit verbundenen jeweiligen Rollen-Befangenheit.
- Faber löst sich zu spät aus seiner Techniker-Rolle, und Hanna ist bis zuletzt in ihrer Mutterrolle gefangen. Sie definiert sich allein aus ihrer Beziehung zu ihrer Tochter und will sich als allein erziehende Mutter bewähren.
- Faber macht sich ebenso ein klischeehaftes Bild von Frauen wie Hanna sich eines von Männern.
- Beide vergeben dadurch Möglichkeiten, umfassend Mensch zu sein und zum anderen zu finden. Beide fühlen sich am Tod ihrer Tochter schuldig.

3 Fabers Beziehung zu Sabeth

Aufgabenstellung

3.1 Wie wird Sabeth von Faber beschrieben?
3.2 Wie verhält sich Faber vor der Bekanntschaft mit Sabeth?
3.3 Wie verhält er sich auf dem Schiff Sabeth gegenüber?
3.4 Wie verhält er sich ihr gegenüber auf der Reise durch den Süden?
3.5 Welche Bedeutung hat die Beziehung zu Sabeth für Faber?

Lösungsvorschlag

Zu 3.1

- Faber beschreibt Sabeth als eine spontane, unbeschwerte und natürliche junge Frau voller Lebensfreude, die an Kunst interessiert ist und sich Menschen gegenüber aufgeschlossen verhält.
- Sie ist beruflich noch nicht festgelegt, nicht an Technik interessiert und möchte viel von der Welt sehen.
- Sie will selbstständig sein, lehnt Fabers Bevormundung ab und will sich z.B. nicht von ihm filmen lassen (vgl. 92).
- Sie kann mit gleichaltrigen Partnern nichts anfangen und hat eine Neigung zu älteren Männern.
- Dieses Verhalten resultiert wahrscheinlich aus der Tatsache, dass sie ohne Vater aufgewachsen ist, so dass sie in Faber eher den Vater und Beschützer als den Liebhaber sieht.

Zu 3.2

- Faber hat auf Grund seines Selbstbildes als durch und durch rationaler Mensch und Techniker Schwierigkeiten mit Frauen.
- Sie bedeuten für ihn unberechenbare, vom Gefühl bestimmte Wesen, die sich an den Mann klammern und ihn an seiner Selbstentfaltung hindern.
- Er unternimmt statt der geplanten Flug- die Schiffsreise, weil er seine Freundin Ivy nicht mehr ertragen kann und möglichst schnell ihrer Anhänglichkeit und Sexualität entfliehen will.
- Faber hat auf dem Schiff Schwierigkeiten, seine Mitreisenden zu ertragen.

Zu 3.3

- Faber schwankt in seinem Verhalten Sabeth gegenüber zwischen seiner Rollenfixiertheit als Techniker und Rollendistanz und verhält sich zwiespältig:

- Einerseits will er den Leser glauben lassen, es habe sich nicht um eine ernsthafte Beziehung gehandelt. Er behauptet, er habe ihr nicht nachgestellt (vgl. 79), es habe sich um eine „harmlose Reisebekanntschaft“ (87) gehandelt und er sei „nicht verliebt“ (78) gewesen. Er habe seinen Heiratsantrag aus Sentimentalität und nur um etwas zu sagen (vgl. 95, 102) gemacht „ohne verliebt zu sein“ (134). Er sei nicht eifersüchtig gewesen (vgl. 80), und sie sei ihm auf dem Schiff und vor der Landung „fremder als jedes Mädchen“ (78, 103) gewesen.
- Andererseits lässt er in seinem „Bericht“, ohne es zu wollen, seine wachsende Zuneigung zu Sabeth erkennen. Er spielt gern mit ihr Tischtennis. Er ist eifersüchtig auf den jungen Mann, der sich um Sabeth bemüht (vgl. 79, 87 f.), und auch auf andere Reisende (vgl. 83). Er verbietet ihr Stewardess zu werden (vgl. 90). Er führt sie durch den Maschinenraum und berührt sie dabei (vgl. 93 f.) Er schreibt, dass er „sie gern“ (104) hatte, und stellt mehrmals Sabeths Ähnlichkeit mit Hanna fest (vgl. 102), die er sich aber wieder ausredet (vgl. 85).

- Er legt dem Leser ausführlich dar, warum „Alleinsein […] der einzigmögliche Zustand“ für ihn als Techniker sei (99), und macht der jungen Frau gleich darauf einen Heiratsantrag.
- Anhand dieser Widersprüche erkennt der Leser, dass Faber wichtige Aspekte seines Lebens nicht wahrnehmen will und sie verdrängt, z. B. die missglückte Partnerschaft mit Hanna. Er erkennt ebenfalls, dass gerade das Verdrängte in Wirklichkeit sein Verhalten bestimmt und so die Ereignisse herbeiführt.
- Der Leser erkennt, dass Faber wesentlich den Verlauf des Geschehens durch Impulse aus dem Unterbewusstsein selbst lenkt, und zwar gerade dort, wo es scheinbar auf dem Zufall zu beruhen scheint, und dass er blind ist für diese unbewussten Motive.

Zu 3.4

- Der sich selbst als „äußerst gewissenhaft, geradezu pedantisch“ (35) bezeichnende Faber, der nur seinem Beruf lebt, hat plötzlich den Wunsch „Ferien zu machen“ (113).
- Er, der Kunstbanause, geht in den Louvre, um Sabeth wieder zu treffen (vgl. 107 f.), reist mit ihr durch Italien, besichtigt Altertümer und fängt an sich für Kunst zu interessieren (vgl. 120).
- Er ist ohne Grund eifersüchtig auf ihre jugendliche Unbefangenheit, ihre Kontaktmöglichkeiten (vgl. 110, 117 f.) und denkt sogar wieder an Heirat (vgl. 117).
- Unter dem Eindruck von Sabeths Zuneigung gibt er immer mehr seine Techniker-Rolle auf und spricht sogar von seinen „Gefühlen“ (119).

- Sein Rollenkonflikt wird besonders in der Darstellung der Mondfinsternis in Avignon deutlich, die ihn völlig aus dem Gleichgewicht bringt (vgl. 135).
- Er betont, dass er in Sabeths Gegenwart „glücklich" gewesen sei (113, 116) und dass auch sie sich glücklich fühlte.
- Er sucht mit ihr zusammen die Nähe zur Natur, überlässt sich dem Erleben und verbringt die letzte Nacht mit ihr im Freien (163 f.).
- Er macht sich Gedanken über die Zukunftsorientiertheit der Jugend und stellt bei dieser Gelegenheit den Altersunterschied fest (vgl. 118). Diese Erkenntnis müsste ihn eigentlich von einer Beziehung zu Sabeth abhalten, tut es aber nicht.
- Es geht ihm wieder darum, den Verdacht des Lesers zu zerstreuen, er hätte wissen können, dass Sabeth seine Tochter gewesen sei. Deshalb leugnet er eine Ähnlichkeit zwischen Hanna und Sabeth (vgl. 85 f.). Aber der Leser erkennt, dass Faber tatsächlich Hanna in Sabeth gesehen hat. Faber selbst findet sein damaliges Nicht-Wissen rückblickend „unglaublich" (128).
- Sabeths gelegentliche Mitteilungen über ihre Herkunft müssten Fabers Vaterschaft enthüllen. Aber er will sie nicht wahrhaben und rechnet sich die Dinge zurecht, bis sie passen (vgl. 132).
- Er verdrängt seinen Anteil am Zustandekommen der Beziehung mit Sabeth, weil sie nicht in sein Selbstkonzept passt, und legt großen Wert darauf mitzuteilen, dass er keine Schuld an der intimen Begegnung in Avignon trägt (vgl. 102, 134 f.).

Zu 3.5

- Fabers Leben ist geprägt durch sein Kind, dass er nicht wollte, in das er sich verliebte, ohne es zu kennen, und dessen Tod er mit verschuldete, obwohl er alles tat, es zu retten.
- In dieser Beziehung drücken sich sein Lebensneid, seine Ablehnung des Alterns und seine Sehnsucht nach Jugend aus. Er fällt unbewusst in die früher abgelehnte Vater-Rolle.
- Er erkennt sich als Mensch mit Gefühlen und Bedürfnissen und wird in seinem Rollenverständnis als Techniker unter dem Eindruck von Sabeths Zuneigung unsicher.
- Er versucht seine Erkenntnisse und dann seine Schuld zu verdrängen und sich durch vorgebliche Ahnungslosigkeit vor sich selbst zu rechtfertigen.
- Seine Beziehung zu Sabeth ist ein gescheiterter Versuch der Vergangenheitsbewältigung. Er glaubte die Beziehung zu Hanna wiederholen und glücklich gestalten zu können. Seine verdrängten Gefühle des Versagens und der Niederlage sollen rückgängig gemacht werden.
- In der Beziehung zu Sabeth widerlegt Faber sein Menschenbild durch sein eigenes irrationales Verhalten.

4 Der Cuba-Aufenthalt

Textgrundlage:

S. 187–198

Kontext

- Die **„Zweite Station“**, in die die Cuba-Episode gehört, schreibt Faber im Krankenhaus zu Athen. Sie umfasst den Zeitraum nach Sabeths Tod vom 1.6. bis 18.7.1957.
- Sie enthält das **Reisetagebuch** über Fabers Erlebnisse nach Sabeths Tod (zweite Amerikareise, zweiter Aufenthalt bei Joachim in Caracas, Aufenthalt in Cuba vom 9. bis 13. Juli, Rückkehr nach Europa, nach Athen).
- Dieses Tagebuch wird regelmäßig durch **Aufzeichnungen** über seine Erlebnisse im Krankenhaus unterbrochen.
- Vor dieser Episode berichtet Faber von seinem unvorteilhaften Aussehen im Spiegel, von seiner Erinnerung an Professor O. und von Gedanken an den Tod.
- Im Anschluss an seine Erinnerung an Cuba gibt er Informationen wieder, die er im Krankenhaus von Hanna über ihre Kindheit und Jugend erhalten hat.

Aufgabenstellung

4.1 Wie beschreibt Faber sein Verhältnis zur Natur?
4.2 Wie sieht er sein Verhältnis zu den Menschen?
4.3 Welches Verhältnis zur Zeit wird in seiner Darstellung deutlich?
4.4 Welche Veränderungen sind in ihm vorgegangen?
4.5 Wie sieht Faber Amerika und die amerikanische Gesellschaft?
4.6 Welche Bedeutung hat der Cuba-Aufenthalt für ihn?
4.7 Welchen Eindruck vermittelt Fabers Darstellung dem Leser?

Lösungsvorschlag

Zu 4.1

- Er sucht bewusst die Begegnung mit der Natur, will sie sinnlich erfassen und reagiert im Gegensatz zu früher gefühlsmäßig.
- Er versucht die Realität nicht mehr wie bisher auf rationale Weise in sich aufzunehmen, sondern sie zu erleben.
- Er entwickelt einen Sinn für die Schönheit des Ortes und bewundert die Naturerscheinungen.

- Er geht sogar so weit, dass er sich in die Natur integrieren will und sich als einen Teil von ihr sieht.
- Er will sich nicht mehr durch Filmen vom Erleben fernhalten und verzichtet auf dieses technische Mittel zur Distanz.
- Damit verlässt er seine Rolle als Techniker, der die Natur beherrscht und sie allein unter zweckrationalen Gesichtspunkten sieht.
- Seine neue, gefühls- und erlebnisbetonte Haltung spiegelt sich in der Sprache, wobei allerdings in der Wahl der Metaphern sein technisch orientiertes Denken hin und wieder noch deutlich wird.

Zu 4.2

- Faber bewundert die Schönheit, Natürlichkeit und Kontaktfreudigkeit der kubanischen Männer und besonders die der jungen Frauen.
- Er lässt sich von ihrer Lebenslust und Unbefangenheit anstecken.
- Er akzeptiert seine Sexualität und auch sein Versagen in diesem Bereich.
- Im Gegensatz zu früher sucht er Kontakt zu den Menschen, wendet sich ihnen zu und nimmt an ihrem Schicksal Anteil.
- Er spricht sogar über seine Tochter und von seinem Vorhaben Hanna zu heiraten.
- Trotz der Kontakte und seinem Willen zur Integration betont er sein Gefühl der Einsamkeit und des Außenseitertums unter den lebensfrohen Menschen.

Zu 4.3

- Faber gibt sich ganz der Gegenwart und dem Augenblick hin und verzichtet auf die zweckgerichtete Organisation seiner Zeit.
- Ein Zeichen dafür, dass er die Zeit nicht mehr festhalten will und ihr Vergehen akzeptiert, ist sein Verzicht aufs Filmen.
- Faber sieht das Leben jetzt in seiner jeweils besonderen Gestalt, in der Krankheit und Tod ihren festen Platz haben.
- Zeichen für diese Sehweise ist, dass er an seine Krankheit und den Tod denkt und ein Bewusstsein für Vergänglichkeit entwickelt.

Zu 4.4

- Faber, der früher Untätigkeit schlecht ertragen hat, findet jetzt Freude an der Muße und am bloßen Aufnehmen von Eindrücken.
- Er distanziert sich ausdrücklich von seiner bisherigen rein rationalen Einstellung zum Leben und zu den Menschen.
- Er fasst nach der Erkenntnis seines Fehlverhaltens nicht nur den Entschluss, sein uneigentliches Leben aufzugeben und „anders zu leben" (188), sondern wünscht sich sogar nochmals zu leben.
- Sein gesamtes Verhalten verdeutlicht seine neu gewonnene Liebe zum Leben und seine Sehnsucht nach dessen Unmittelbarkeit.

- Er erkennt, dass das Leben unwiederholbar ist, und macht sich bewusst, was Abschied bedeutet. Über der gesamten Szene liegt Abschiedsstimmung.
- An manchen Stellen kann der Leser Reste alter Denk- und Verhaltensweisen erkennen, besonders seiner – immer noch verdrängten – Krankheit gegenüber.

Zu 4.5

- Faber verachtet jetzt die amerikanische Lebensweise und findet sie in manchen ihrer Ausdrucksformen obszön.
- Er wirft den Amerikanern Verweichlichung, Oberflächlichkeit und Künstlichkeit ihres Verhaltens vor.
- Die amerikanische Lebensweise ist jetzt für ihn eine unechte und uneigentliche Lebensweise.
- Faber projiziert in die Amerikaner und in ihr Verhalten seine eigene bisherige Lebensweise, die er jetzt radikal ablehnt.

Zu 4.6

- Cuba bedeutet Abkehr von seinem rein zweckrationalen Verhalten und Hinwendung zum gefühlshaften Erfassen der Dinge.
- Der Aufenthalt dort ist der entscheidende Wendepunkt auf Fabers Weg zur Selbsterkenntnis. Was bisher seine Identität ausmachte, lehnt er jetzt ab.
- Er gibt sein bisheriges Fehlverhalten auf, das zum Scheitern seiner Beziehung und zum Tod seiner Tochter führte.
- Er erkennt die Scheinhaftigkeit seines bisherigen Lebens und wünscht sich ein authentisches Leben.

Zu 4.7

- Der Leser erkennt, dass Faber seine alte einseitige Lebensführung unter dem Eindruck des Todes seiner Tochter zu Gunsten einer neuen aufgegeben hat.
- Er erkennt aber auch, dass sich Faber ein neues Bildnis bzw. Klischee gemacht hat. Jetzt verabsolutiert er das Emotionale und Ästhetische und blendet die soziale Realität völlig aus.
- Er erkennt: Faber sieht Cuba nicht als Realität, sondern als Traum. Es ist Ausdruck seiner Sehnsucht nach dem wirklichen Leben, aber nicht das wirkliche Leben selbst.

5 Die Schuldproblematik

Aufgabenstellung

5.1 Um welche Art von Schuld handelt es sich?
5.2 Worin besteht Fabers Fehlverhalten?
5.3 Wie verhält er sich seiner Schuld gegenüber?
5.4 Worin besteht Hannas Fehlverhalten?

Lösungsvorschlag

Zu 5.1

- Es handelt sich nicht um Schuld im strafrechtlichen Sinne, sondern um schuldhaftes Verhalten anderen gegenüber im moralischen Sinne.
- Geeigneter sind die Begriffe Fehlorientierung oder Fehlverhalten.
- Dieses Fehlverhalten ist durch Impulse aus dem Unterbewusstsein der Personen bedingt.

Zu 5.2

- Fabers Fehlverhalten besteht grundsätzlich in seinem Irrglauben an die total verfügbare und berechenbare Welt und der Übertragung des Primats des Berechenbaren auf den gesamten natürlichen und den zwischenmenschlichen Bereich.
- Er verhält sich Hanna und dem gemeinsamen ungeborenen Kind gegenüber wegen seines technisch bestimmten Selbstkonzepts egoistisch, lieblos und gefühllos.
- Die Ursachen für dieses Selbstkonzept liegen in Fabers Unbewusstem und sind wahrscheinlich durch seine Sozialisation bedingt: Erfahrung von Verletzungen, Lebensangst, Angst vor Bindungen, Angst vor dem Irrationalen.
- Faber wird an Sabeth dadurch schuldig, dass er sie, ohne sie zu lieben, an sich bindet und sie zur Wiederholung seiner gescheiterten Beziehung zu Hanna missbraucht. Damit geht er über ihre Persönlichkeit gedanken- und verantwortungslos hinweg.
- Faber ist an Sabeths Tod mitschuldig, weil er aus Scham – sie erschrickt über seine Nacktheit – den Sturz verschweigt, der zu ihrem Tode führt.
- Faber wird an sich selbst schuldig, weil er sein Menschsein auf sein Selbstkonzept als Techniker reduziert.

Zu 5.3

- Faber will seine Schuld verdrängen und schreibt deshalb einen „Bericht“ zu seiner Selbstrechtfertigung.
- Er versucht seine Schuld zu rationalisieren und behauptet z. B., es sei Hanna gewesen, die nicht heiraten wollte. Auch nachträglich versteht er ihre damaligen Motive nicht.
- Er betont mehrmals, er hätte keine Ahnung gehabt, dass Sabeth seine Tochter sein konnte, weil er nicht gewusst hätte, dass es diese Tochter überhaupt gab.
- Er geht davon aus, dass er wie jeder andere das Recht hat, eine Frau zu seiner Geliebten zu machen, und sieht keinen Hinderungsgrund darin, dass es eine junge Frau aus einer anderen Generation ist.
- Er glaubt Sabeths Unfall nicht verschuldet zu haben, weil er sich sofort unter extremem persönlichen Einsatz um Hilfe bemüht.
- Er ist wohl der Meinung, dass die Ärzte mit schuldig an Sabeths Tod sind, weil sie sie falsch behandelt haben. Dabei verdrängt er den wahren Hergang.
- Er versucht die Geschehnisse als eine Kette von Zufällen zu sehen, an denen er keine Schuld trägt, und übersieht, dass diese Zufälle nicht von außen kommen, sondern aus seinem Inneren aufsteigen und durch sein Unterbewusstsein bedingt sind. Er ist weder ihr Opfer, noch ist er in ein unberechenbares Geschehen hineingezogen worden. Er hat es unbewusst gesucht.
- Faber hat aber durchaus Momente, in denen er auf sein Zufallsalibi verzichtet und die objektiven Tatsachen erkennt (vgl. 78):
  - Er hat das Leben seiner ehemaligen Freundin Hanna zerstört.
  - Er hat das Leben seiner Tochter „vernichtet“. Sie ist tot, nachdem ihr Vater sie unwissentlich zu seiner Geliebten gemacht hat.

Zu 5.4

- Hanna verschweigt Faber seine Vaterschaft und lässt ihn dadurch in eine Situation geraten, die zu Inzest und zum Tod der Tochter führt.
- Sie enthält ihrer Tochter den Vater vor und trägt dadurch dazu bei, dass sie in eine Situation gerät, in der sie durch den unbekannten Vater ihr Leben verliert.
- Sie reduziert die Möglichkeiten ihres Lebens auf das Selbstkonzept der allein stehenden und allein erziehenden Mutter.

6 Die Bedeutung von Erzählweise und Erzählmerkmalen

Aufgabenstellung

6.1 Welche Bedeutung haben Untertitel und Struktur des Romans?
6.2 Welche besonderen Merkmale hat die Sprache?
6.3 Welche Bedeutung hat die Todessymbolik für das Geschehen?
6.4 Welche Bedeutung hat das Spiegelmotiv?
6.5 Welche Bedeutung haben die unterschiedlichen Schauplätze?
6.6 Welche mythologischen Bezüge lassen sich erkennen?

Lösungsvorschlag

Zu 6.1

- Die Stilform des sachlichen oder Sachlichkeit beanspruchenden „Berichts" sieht der Techniker Faber als angemessene Ausdrucksform an.
- Faber schreibt die beiden Teile des „Berichts" in zwei Etappen, und zwar jedes Mal nach entscheidenden Ereignissen.
- Die Absicht des „Berichts" ist der Nachweis von Fabers Schuldlosigkeit an den Geschehnissen und an Sabeths Tod. Aber gegen seinen Willen erkennt der Leser immer mehr sein Fehlverhalten.
- Der Erzählvorgang spiegelt den seelischen Prozess des zurückblickenden oder in der Zeit schreibenden Ich-Erzählers.
- Der Ich-Erzähler ordnet die Handlungs- und Reflexionselemente entsprechend seiner während der Erinnerung auftretenden Assoziationen oder Verdrängungsmechanismen an.
- So entsteht eine Struktur, in der die zeitliche Reihenfolge immer wieder durch Rückblicke und Vorausdeutungen unterbrochen wird.

Zu 6.2

- Fabers auf das Rational-Fassbare verkürzte Weltbild spiegelt sich in einer reduzierten Sprache (kurze, oft unvollständige Sätze, Nominalfügungen, Ellipsen).
- Entsprechend seiner Rolle als Techniker bemüht er sich um Genauigkeit (Zeitangaben, fremdsprachliche Wendungen, Verwendung von Firmennamen, Elemente der Alltagssprache).
- Seine Verdrängungsstrategie findet ebenfalls ihren Niederschlag in der Sprache (Formeln des Nicht-Wissens, Verneinung von Sachverhalten, unpersönliche Ausdrucksweise, Vergleiche).

- Als er sich in und nach Cuba Gefühle erlaubt, spiegelt sich die neue Seite seines Verhaltens ebenfalls in der Sprache (Auflösung der Syntax, Nominalfügungen, Bildlichkeit, poetische Wendungen).

Zu 6.3

- Das **Todesmotiv** prägt das gesamte Geschehen der „Ersten Station“: Ohnmachtsanfall im Flughafen von Houston (11 f.), kurze Ohnmacht während der Notlandung (22), Entdeckung des toten Joachim (59), ständige Wiederkehr der Zopilote (37 u. ö.).
- Auf der Italienreise tritt es indirekt auf, z. B. als Motiv des Grabmals, auf dem Faber und Sabeth lagern (123, 124, 129).
- „Zweite Station“: Erinnerung an Zopilote (198, 202), Wolkenkratzer in New York (176), Professor O. (111, 187).
- Motive und Symbole bilden zusätzliche Sinnzusammenhänge unter dem Oberflächengeschehen. Die ständige Wiederkehr des Todesmotivs zeigt Fabers unbewusste Beschäftigung mit dem Thema Tod. Neben seinem scheinbar sicheren, berechenbaren Leben entwickelt sich seine lange verdrängte Krankheit zum Tod hin.

Zu 6.4

- Das **Spiegelmotiv** taucht dreimal auf, jedes Mal an einer wichtigen Gelenkstelle des Geschehens.
- In Houston will Faber seine Reise unterbrechen. Er sieht sich im Spiegel und kommt sich vor „wie eine Leiche“ (11).
- In Paris wartet er im Restaurant auf Sabeth und sieht sich in einem Spiegel mit „Goldrahmen“ (106).
- Im Krankenhaus in Athen sieht er sich im Spiegel, registriert seine Hinfälligkeit und vergleicht sich mit einem alten Indio (vgl. 185).
- Faber wird im Spiegel mit den verdrängten Anteilen seiner Person konfrontiert. Er sieht sich in seiner Hinfälligkeit, Kreatürlichkeit und Todesnähe. Er hat damit auch die Chance zur Selbsterkenntnis, nimmt sie aber nicht wahr.

Zu 6.5

- Faber reist wegen seines Berufs durch die ganze Welt. Der Techniker ist nirgendwo zu Hause. Sein Kennzeichen ist die „Weltlosigkeit“ (184), wie Hanna ihm sagt.
- Hanna deutet diesen ständigen Aufenthaltswechsel als eine Verdünnung der Welt durch Tempo, weil der Techniker sie nicht erleben und als Partner sie nicht aushalten kann.

- Wenn Faber von einem in den anderen Bereich wechselt, so wirft ihn jedes Mal der „Zufall“ aus der Bahn:
  - Im Flugzeug trifft er Herbert, der ihn zu Joachim bringt.
  - Auf dem Schiff begegnet er Sabeth, die ihn zu Hanna führt.
- Die Reisen in den Süden sind Reisen in die Vergangenheit.
- Faber projiziert in die jeweiligen Schauplätze sein gegenwärtiges Selbstkonzept. Sie spiegeln das von ihm erlebte Geschehen (Cuba!).

Zu 6.6

- Frisch lässt eine Vielfalt mythischer Bilder und Figuren zueinander in Beziehung treten.
- Auffallend sind Anspielungen auf die griechische Antike (Erinnye, Schlange, Klytemnästra und Agamemnon).
- Besonders deutlich sind die Anspielungen auf Sophokles’ Drama „König Ödipus“, wobei statt des Mutter-Sohn-Inzests ein Vater-Tochter-Inzest stattfindet. Bei Ödipus folgt die Erkenntnis der Analyse, bei Faber geht sie ihr voraus. Gemeinsam sind u.a. das Motiv der Blindheit, die Identitätsproblematik und das Problem der Tragik, also des unbewussten Schuldigwerdens.
- Die mythologischen Anspielungen bilden ein Gegengewicht gegen die Sinnleere von Fabers Welt und suggerieren die Möglichkeit von Schicksalhaftem.
- Sie aktualisieren und säkularisieren das Problem von Schuld und Schicksal.
- Im Gegensatz zum eindeutigen Technikmodell zur Erklärung der Welt ist das mythische Modell ein Modell der Vieldeutigkeit.

7 Textanalyse

Textgrundlage:

„Diskussion mit Hanna!“ (184 f.)

Aufgabenstellung

7.1 Ordnen Sie den Text in den Kontext ein.
7.2 Welches sind Stellenwert und Thematik des Textausschnitts?
7.3 Analysieren und interpretieren Sie Hannas Aussage.
7.4 Wie steht Faber zu Hannas Äußerungen?

Lösungsvorschlag

Zu 7.1 Einordnung des Zitats in den Kontext

- Faber schreibt diese Aufzeichnungen nach Sabeths Tod im Krankenhaus zu Athen und schiebt sie in seinen Reisebericht über das Geschehen nach dieser Zeit ein. Er soll operiert werden und hofft, dass es kein Magenkrebs ist. Hanna besucht ihn und spricht mit ihm über ihr Leben, ihre tote Tochter und über sein Leben.
- Er schreibt dies, nachdem er von seiner zweiten Reise in den Dschungel mit Herbert Hencke, dem Bruder des toten Joachim Hencke, berichtet hat. Herbert ist verändert und lebt in der Natur ein fast vegetatives Leben ohne Technik und Komfort.
- Anschließend berichtet Faber von seiner Dienstreise nach Caracas, wo er wegen seiner Magenschmerzen nicht arbeiten kann und feststellt, dass es auch ohne ihn geht. In den darauf folgenden Aufzeichnungen macht er sich Gedanken über sein schlechtes Aussehen und über den Tod.

Zu 7.2 Stellenwert und Thematik

- Die Notiz einer „Diskussion“ mit Hanna ist eine Schlüsselstelle des Romans. Hanna verdeutlicht Faber bei einem ihrer von ihm ersehnten Besuche das inhumane und unnatürliche Wesen rein technischen Denkens und den Grundirrtum seines Selbstkonzepts als Techniker mit allen Konsequenzen.
- Dazu gehört der Tod der gemeinsamen Tochter Elisabeth, an dem sich Faber schuldig fühlt. Es handelt sich weniger um die Wiedergabe einer Diskussion mit den Argumenten beider Seiten, sondern eher um die Aufzeichnung von Hannas Argumenten.
- Hanna versucht Fabers Verhalten gegenüber Sabeth grundsätzlich zu erklären. Faber teilt keine eigenen Argumente mit, sondern notiert, was ihm aus seiner Sicht wichtig erscheint.

Zu 7.3 Analyse und Interpretation

- Faber beginnt seine Aufzeichnung mit dem Thema des Gesprächs, nämlich der These Hannas, „Technik“ sei der „Kniff, die Welt so einzurichten, daß wir sie nicht erleben müssen“. „Kniff“ ist ein Kunstgriff, ein Trick, mit dessen Hilfe man ein Problem löst oder zu lösen scheint.
- Das Problem des technisch orientierten Menschen sei es demnach, das Erleben der Welt auszuschalten. Erleben bedeutet für Hanna Weltaufnahme mittels Gefühlen und Fantasie. Es bedeutet aber auch, die Welt als Partner zu sehen und sich darauf einzulassen.
- Der technisch orientierte Mensch hält nach Hannas Ansicht die Welt als Partner nicht aus. Deshalb erliegt er der „Manie“, also der krankhaften Besessenheit, sie nur unter Nützlichkeitsaspekten zu sehen.
- Anschließend variiert Hanna zur Verdeutlichung ihre Anfangsthese und verwendet erneut den Begriff „Kniff“. Die Welt soll mit dem Trick Technik nicht als „Widerstand“, also als Gegenüber, mit dem man sich auseinandersetzen muss, erfahren werden, damit kein Erlebnis damit verbunden ist.
- Der Techniker als Menschentyp habe Angst vor dem Erleben. Hanna verwendet zur Verdeutlichung dieser These ein metaphorisches Beispiel: Die Welt wird „durch Tempo“, also durch die Geschwindigkeit z. B. beim Reisen, so verdünnt, also so ihrer Besonderheit beraubt, dass kein Erleben möglich ist.
- Hanna bezeichnet diesen Zustand als „Weltlosigkeit des Technikers“, der binnen kurzer Zeit überall hingelangen und überall arbeiten kann – wie z. B. Faber –, aber nirgendwo zu Hause ist.
- Hanna kennzeichnet nicht nur Fabers Fehlhaltung im Hinblick auf naturwissenschaftliche Erklärungsversuche der Welt, sondern sieht in dieser Fehlhaltung auch die Ursache für seinen „Irrtum“ im Hinblick auf seine Liebesbeziehung zu Sabeth. Sie sieht diese als Auswirkung seines technischen Weltverständnisses.
- Deshalb gibt sie ihm keine Schuld, sondern spricht von einem „Irrtum“, der zu ihm gehöre wie sein „Beruf“ und sein „ganzes Leben sonst“. Es sei also nicht ein zufällig falsches Verhalten gewesen, sondern eine grundsätzlich falsche Einstellung dem Leben und der Zeit gegenüber, die aus seiner Rolle als Techniker resultiert, also letztlich die Folge seiner schiefen oder falschen Einstellung zur Welt ist.
- Da er nie die Verantwortung einer Vaterrolle übernommen hat, habe er die unbewusste Vater-Tochter-Beziehung zu Sabeth falsch gedeutet und sich eingeredet, es handele sich um eine Liebesbeziehung.
- Faber will nach Hannas Ansicht das Erleben der Vergänglichkeit vermeiden und deshalb die Zeit zum technisch manipulierbaren Element machen. Für ihn sei Zeit das, was die Uhren messen. Er sehe sie nicht als Medium der Veränderung des Menschen und dessen Handelns. Er erlebe sie nicht als vergehende Zeit, als seine Lebenszeit, sondern als bloße Aneinanderreihung von Jahren.

- Wenn Faber meine, sein Alter aus der Beziehung heraushalten zu können, verdränge er die Veränderung, die menschliche Endlichkeit und damit den Tod.
- Wenn er als Techniker versuche, die Qualität der Zeit zu leugnen, dann wolle er – zu Ende gedacht – den Tod aufheben. Wenn er „kein Verhältnis zur Zeit“ habe, dann habe er auch „kein Verhältnis zum Tod“.
- Deshalb, sagt sie, behandele er das Leben „nicht als Gestalt, sondern als bloße Addition“. Weil er nur aneinander gereihte Ereignisse feststelle und sie nicht erlebe, könne er zu keiner Lebensgeschichte kommen.
- Er habe den Gedanken an ein Nicht-Sein verdrängt und lebe gewissermaßen als Registrator unzähliger Fakten und Vorgänge, die sich in gleicher Weise wiederholen, deren Auftreten er als vorhersehbar ansieht und ihm damit jegliche Besonderheit nimmt.
- Als Konsequenz ihrer ersten These formuliert Hanna die zweite: „Leben sei Gestalt in der Zeit“. Sie meint also, Faber habe auch in Bezug auf sein Verhältnis zu Sabeth sein Leben als bloße „Addition“ von Jahren betrachtet und dabei nicht beachtet, dass sich mit zunehmendem Alter auch eine andere Lebensgestalt entwickele, ein jeweils anderer Lebensabschnitt mit neuer Qualität, mit jeweils anderen Interessen und auf Grund anderer Erfahrungen.
- Sie meint: Wenn er als älterer Mann von 50 Jahren einem jungen Mädchen von zwanzig Jahren begegne, müsse er die Qualität, die Besonderheit dieser Begegnung beachten und dürfe sich nicht verhalten, als gebe es keinen Alters- und sogar Generationsunterschied.
- Hanna erklärt Faber, wohin seine Haltung der reinen „Addition“ geführt hat. Sein grundsätzlicher „Irrtum“ in der Beziehung zu Sabeth sei die „Repetition“ gewesen, also der Wunsch nach Wiederholung der früheren Beziehung zu Hanna. Dabei habe er keine Rücksicht darauf genommen, dass er sich verändert hat, also nicht mehr der junge Walter Faber ist, und dass Sabeth nicht die junge Hanna, sondern eine selbstständige Persönlichkeit ist und einer anderen Generation angehört.
- Hanna meint, eine solche Haltung sei gegen die Natur, also „widernatürlich“. Sie erläutert ihre Aussage mit der allgemeinen Feststellung, die wieder das Kernproblem formuliert, man könne den Altersunterschied nicht dadurch verwischen, dass man die Jahre einfach addiert und die Unterschiedlichkeit der Lebensphasen ignoriert. Um einen solchen Versuch handele es sich, wenn „wir unsere eigenen Kinder heiraten“, also den Lebenspartner aus der jüngeren Generation wählen.

Zu 7.4 Wie steht Faber zu Hannas Äußerungen?

- Faber distanziert sich von diesen Äußerungen, indem er sie eindeutig Hanna zuschreibt und auf eigene Argumente verzichtet. Die Distanzierung wird noch dadurch verstärkt, dass er zweimal ausdrücklich schreibt, er wisse nicht, was Hanna mit ihrer Aussage meine.
- Sein Unverständnis macht Faber auch dadurch deutlich, dass er hinter die Kernaussage, sein „Irrtum" gehöre zu ihm, entspreche also seinem Rollenkonzept, ein Fragezeichen setzt. Er weiß immer noch nicht, dass nicht ein „Irrtum" ihn zu Sabeth geführt hat, sondern eine unbewusst wirkende psychologische Konstellation, eine „Super-Constellation" gewissermaßen.
- Er benutzt die Tochter seiner ehemaligen Geliebten, um sein früheres Versagen zu bewältigen. Bis zuletzt kann er die Phänomene des Lebens nur mit technischen Kategorien erfassen.
- Faber schreibt sogar, um sein eigenes Nicht-Verstehen oder Nicht-Verstehen-Wollen zu verstärken, Hanna habe nicht erklären können, „was sie meint", nämlich dass Leben „Gestalt in der Zeit" sei. Auf diese Weise will er ihre Aussagen entwerten.
- Trotz der Erfahrung von Sabeths Tod und seiner Krankheit sperrt er sich noch im Krankenhaus, Hannas Deutung seines Verhaltens zu akzeptieren. Das ist umso erstaunlicher, weil er vorher in Cuba seine bisherige Rolle aufgegeben hat und in diesem Zusammenhang die amerikanische Lebensweise, die ja die seine war, scharf kritisiert hat.
- Erst nach vielen Reflexionen und weiteren Besuchen von Hanna ändert er langsam seine Haltung und fängt an sie zu verstehen. Kurz vor seinem Tod notiert er Vorstellungen, die denen Hannas entsprechen: Er will „standhalten der Zeit, beziehungsweise Ewigkeit im Augenblick" (216).
- Doch auch kurz vor der Operation scheint er immer noch nicht zu wissen, wieso er Hanna früher mit der Frage, ob sie ihr Kind behalten wolle, nachhaltig und folgenreich gekränkt hat (vgl. 202).
- Hannas Äußerungen – von Faber zitiert – rücken den Leser in Distanz zu Faber und lassen ihn dessen Verhalten mit kritischem Blick sehen. Außerdem werden dem Leser ansatzweise Erklärungen für die schreckliche und tragische Situation gegeben, in die Faber geraten ist.

8 Literarische Erörterung

Textgrundlage

„Ich bin Techniker und gewohnt, die Dinge zu sehen, wie sie sind." (25)

Aufgabenstellung

8.1 Ordnen Sie das Zitat in den Kontext ein.
8.2 Erläutern Sie, was Walter Faber mit dieser Selbstkennzeichnung meint.
8.3 Nehmen Sie Stellung zu Fabers Feststellung.

Vorüberlegungen

- Prägung von Fabers Denken, Verhalten und Lebensführung durch seinen Beruf als „Techniker" ; wissenschaftliches Weltbild: Genauigkeit, Zweckmäßigkeit, Berechenbarkeit, Erklärbarkeit, Rationalität, Wahrscheinlichkeit, Zufall.
- Überzeugung, die Erscheinungswelt als objektive Wirklichkeit erfassen zu können, deshalb Ablehnung oder Unterdrückung von Emotionalität, Erlebnis, Fantasie, Fügung oder Schicksal.
- „Dinge" im konkreten Sinn: Naturerscheinungen wie Dschungel, Wüste, Mond, Erosion, Versteinerungen, Pflanzen, Flugzeugunfall, Motordefekt, die Kunst der Mayas.
- „Dinge" im übertragenen Sinn: die eigene Person, die zwischenmenschlichen Beziehungen, die Erscheinungen des Lebens wie Liebe, Alter, Krankheit, Einsamkeit und Tod.

Lösungsvorschlag

Zu 8.1: Einordnung des Zitats in den Kontext

- Notlandung von Fabers Flugzeug bei einer Geschäftsreise kurz nach dem Abflug in der mexikanischen Wüste, dabei Bekanntschaft mit Herbert Hencke, dessen Bruder Joachim Fabers Jugendfreundin Hanna Landsberg geheiratet hat und den er später im Dschungel besucht.
- Rückwirkende Erkenntnis, dass diese Notlandung sein Leben in andere Bahnen gelenkt hat; Rückerinnerung bei der Niederschrift seines „Berichts" in Caracas (vgl. 174) an dieses Geschehen; Versuch, den möglichen Zusammenhang der einzelnen Ereignisse zu erkennen, die schließlich zum Tod seiner Tochter führten; Deutung dieser Verkettung unglücklicher Umstände als eine „ganze Kette von Zufällen" (23).

- Behauptung, bei der Notlandung als Techniker die „Dinge“ so zu sehen, „wie sie sind“; Rückführung der fantastischen Erscheinungen der nächtlichen Landschaft auf ihren natürlichen und erklärlichen Kern.

Zu 8.2: Aspekte der Erörterung

Einleitung

- Thematik des Romans: Kritik am ausschließlich technisch orientierten Menschentyp, der seine menschliche und natürliche Umwelt unter zweckrationalen Gesichtspunkten sieht.
- Frischs besondere Sehweise: Verbindung der Bildnisthematik mit der Thematik Mensch/Natur. Der Diplom-Ingenieur Walter Faber ist zu Beginn des Geschehens in der Rolle des Technikers gefangen. Sein Selbstbild oder Selbstkonzept entfremdet ihn seiner eigentlichen Identität.
- Erst nach der existenziellen Erschütterung durch den Tod seiner Tochter gelingt es ihm, sich mehr oder weniger aus dieser Rollenbefangenheit zu lösen und zu einer neuen Sicht der „Dinge“ zu gelangen.

Fabers bisherige Sicht der „Dinge“

Natur

- Erleben der Natur hauptsächlich als Wüste und Dschungel,
- Weigerung, sich bei der Notlandung dem Erlebnis der **Wüste** und ihrer Erscheinungen zu öffnen,
- Betonung seines rationalen Denkens in dieser Situation, Unterscheidung vom „mystischen“ Denken der anderen Passagiere, das er ablehnt,
- Verwendung der Rollensprache des Technikers, aber trotzdem poetische Darstellungsmöglichkeit des Fantastischen,
- Behauptung, keine Angst zu haben, aber die mehrmalige Wiederholung dieser Behauptung lässt den Leser erkennen, dass er sich dieses nur einredet.
- Deutung: Hoffnung, durch Verkürzung der Realität auf ihre rationale Komponente die Welt in den Griff zu bekommen.

Kunst

- Kein Verständnis für die Kunst der Mayas, für Marcels Begeisterung darüber und für ihre Lebensweise (vgl. 47).
- Beispiele für seine Ablehnung der Kunst: früherer Streit mit Hanna über Theaterbesuche (vgl. 50), Ablehnung der Lektüre von Romanen (vgl. 16), Unkenntnis des Louvre (vgl. 82), Unverständnis für Sabeths Kunstbedürfnis (vgl. 116), Langeweile bei ihrer Bewunderung der italienischen Kunstdenkmäler (vgl. 119f.).

Leben

- Fabers Glaube an ein Selbstbild, das der Wirklichkeit entspricht: allein stehender Mann und Techniker ohne Emotionen, der nie krank gewesen ist (vgl. 107), in seiner „Arbeit“ (90) lebt, „mit den Tatsachen fertig wird“ (83) und „mit beiden Füßen auf der Erde steht“ (50).
- Angehen und Lösung der Probleme des Lebens auf technische Weise, z. B. Eintreten für Geburtenkontrolle (vgl. 114 ff.).
- Vorbild: Roboter als Projektion von Eigenschaften, die er für sich selbst wünscht, nämlich Erlebnis-, Angst- und Irrtumsfreiheit (vgl. 81).
- Problem: Unkontrollierbarkeit seiner Sexualität (vgl. 71, 101).

Beziehungen

- Zwischenmenschliche Beziehungen aus Fabers Sicht: Zweckbündnisse zwischen zwei Partnern. Deshalb Scheitern seiner Beziehung zu **Hanna Landsberg**: Distanzierung von „dein[em] Kind“ (vgl. 51).
- Kein Erkennen der Problematik des „widernatürlichen“ (185) Altersabstands von 30 Jahren zu seiner ihm unbekannten Tochter **Sabeth**; Folge: Verlust seiner Selbstkontrolle, Betrug des Mädchens um sein Leben.
- Höhepunkt des Scheiterns seines technischen Denkens: Fabers Beruhigung nach Sabeths Unfall mit der Statistik; Versäumnis, den Sturz über die Böschung zu erwähnen, bei dem sich Sabeth den tödlichen Schädelbruch zuzieht; Fragwürdigkeit statistischen Trostes bei Hanna und sich selbst.

Veränderungen von Fabers Wahrnehmungen

- Erkenntnis nach Sabeths Tod, dass die „Dinge“ nicht so waren, wie er sie sah, sondern dass er sie so sah, wie er sie infolge seines Selbstbildes als Techniker sehen wollte.
- Existenzielle Erfahrung: Verkürzung der Erscheinungen der Welt auf ihre rationale Seite aus Angst davor, sie erleben zu müssen, dadurch Verfälschung; Unmöglichkeit dauerhafter Unterdrückung von Emotionalität und Vitalität.
- Erkenntnis des Lesers: Fabers Fähigkeit, die Schönheit der **Wüste** zu erleben. Fragwürdige Feststellung, er habe keine Angst. Mondfinsternis in Avignon (vgl. 134): Mond ist für ihn nicht mehr nur eine „errechenbare Masse“ (25).
- Fabers Verunsicherung durch den **Dschungel** mit seinem untrennbaren Ineinander von Zeugung, Geburt, Leben und Tod (vgl. 45). Fabers Technikerrolle als „Beherrscher der Natur“ (116) gerät ins Wanken. Dschungel: Feind des rational bestimmten Menschen; Projektion von dessen unterdrückten Ängsten und Gefühlen: Angst vor Sexualität, Alter, Krankheit und Tod.
- Änderung seiner Haltung gegenüber der **Kunst** nach der Bekanntschaft mit Sabeth: Louvre als Ort der Begegnung. Künstlerisches Empfindungsvermögen: Reaktion auf den „Kopf einer schlafenden Erinnye“ (120).

- Korrektur seines Selbstbildes als gesunder Mensch durch den Einbruch der **Krankheit**. Scheitern von Verdrängungsversuchen. Zurechtbiegen der Wirklichkeit.
- Zunehmende Verunsicherung durch seine Beziehung zu **Sabeth** und seine Wiederbegegnung mit **Hanna**.
- Folge: Verstärkung seiner Zweifel, ob die Dinge wirklich so sind, wie er sie sehen möchte. Bekenntnis zu „Gefühlen" (119) bei der Italienreise mit Sabeth.
- Erschütterung durch Ausbrüche aus seiner rational geordneten Techniker-Welt: sein Entschluss, Joachim im Dschungel zu besuchen, besonders sein Urlaub mit **Sabeth** (vgl. 113).
- Fabers Gedanken darüber, ob Sabeth seine Tochter sein könnte: Zurechtlegen der Daten, „bis die Rechnung wirklich stimmte" (132). Er will die „Dinge" so sehen, wie es ihm passt.
- Änderung seiner früher rein sachlichen Auffassung von Beziehungen: Wunsch, mit Hanna zusammenziehen, obwohl sie immer noch eine andere Einstellung zur Welt hat.
- Hannas Analyse von Fabers Fehlverhalten als Techniker: Verdeutlichung seiner einseitigen Sehweise der „Dinge".

Fabers neue Sicht der „Dinge"

- Veränderung von Fabers Einstellung gegenüber den „Dingen" durch Sabeths Tod. Feststellung seiner Entbehrlichkeit in Caracas (vgl. 185). Versuch durch einen „Bericht" (185) Klarheit über sich und seine Sehweise zu gewinnen.
- Besuch in **Cuba**: neue Haltung als Konsequenz seines Fehlverhaltens. Neues Selbstkonzept: Berücksichtigung des emotionalen und ästhetischen Aspekts der „Dinge". Neue Verhaltensweisen: Hingabe an die unmittelbaren Eindrücke seiner Umgebung. Neue Kommunikationsfähigkeit: Kontaktaufnahme zu den Menschen und Bewunderung ihrer Schönheit.
- Intuitives Erfassen: Leben ist keine bloße „Addition" von Jahren, sondern bedeutet „Gestalt" (184), die sich mit den Jahren ändert. Erfahrung der Unwiederholbarkeit des Lebens. Akzeptieren der eigenen Vergänglichkeit (vgl. 216).
- Dennoch neue Einseitigkeit: Cuba als Traum- und Wunschbild, als Verkörperung all dessen, was er vorher entsprechend seinem früheren Selbstkonzept als Techniker ausgeklammert hat. Reste der alten Haltung: Der Mensch sei „als Konstruktion möglich, aber das Material ist verfehlt" (186).
- Flug über die Alpen (vgl. 211 ff.): Neue Sicht der Dinge, aber aus der Distanz. Wunsch, unmittelbar am Leben Anteil zu nehmen. Erkenntnis kurz vor dem Tod.
- Neues Verhältnis zu Hanna: Er bezeichnet sie als seinen „Freund" (215) und will sie heiraten (vgl. 179), obwohl er weiß, dass er ihr Leben zerstört hat (vgl. 209). Motive für diesen Wunsch.

- Selbsterkenntnis kurz vor der Operation: Verfehlung seines Lebens (vgl. 216). Bekenntnis zu der Einstellung, die er in seinem „Bericht" verdrängt hat. Erkenntnis, dass sein „Bericht" nur ein verfälschtes Bild seiner selbst und seines Verhaltens wiedergibt. Aufzeichnungen als Mittel zur Selbstfindung, Hingabe an das elementare Dasein. Abschied von seinem Selbstkonzept als technisch orientierter Mensch. Akzeptieren der eigenen Vergänglichkeit, Erkennen des Wesens der Dinge angesichts des Todes.

Zu 8.3: Stellungnahme

- Intention Fabers. Nachweis durch seinen „Bericht" noch in Caracas, dass er ein durch und durch rational eingestellter Mensch ist. Aber: Selbstwiderlegung durch sein Verhalten. Erkenntnis: Leben in einer selbst gezimmerten Scheinwelt. Konsequenz seines Fehlverhaltens: Tod seiner Tochter.
- Deshalb Versuch, sein Verhalten und sein Selbstbild zu ändern. Statt Rationalität Emotionalität. Aber auch hier wieder Extrem und Verabsolutierung dieser Einstellung. Keine Darstellung der Wirklichkeit.
- Walter Faber: ist nicht der Typ des Technikers, der er anfangs zu sein vorgibt. Er ist ein Mensch, der seine Identität verfehlt, weil er sich ein zeit- und gesellschaftsbedingtes Selbstbild gemacht hat, das des „Homo faber": dadurch Verhinderung eines authentischen Lebens.
- Frischs Intentionen:
  - Hinweis auf das Problem der Fixierung eines Menschen durch eine bestimmte Rolle;
  - Aufzeigen der Unmöglichkeit, die Wahrheit über die Lebensumstände zu finden;
  - Warnung vor den Verführungen des technischen Zeitalters, die die emotionale und menschliche Seite des Lebens vernachlässigen;
  - Kritik an der Hybris des modernen Menschen, sich selbst, seine Beziehungen, seine Umwelt und die Natur allein unter zweckrationalen Gesichtspunkten zu erfassen und so schließlich zu zerstören.

Literaturhinweise

1. Werke von Max Frisch (Auswahl)

Homo faber. Ein Bericht. Mit einem Kommentar von Walter Schmitz. Frankfurt a. M.: Suhrkamp, 1998. (Suhrkamp Basisbibliothek. 3.)

Mein Name sei Gantenbein. Frankfurt a. M.: Suhrkamp, 21976. (suhrkamp taschenbuch. 286.)

Stiller. Frankfurt a. M.: Fischer Taschenbuch Verlag, 1965. (Fischer Bücherei. 656.)

Tagebuch 1946–49. München: Knaur, 1971.

2. Materialien und Erläuterungen

Max Frisch, *Homo faber*. Materialien. Ausgewählt und eingeleitet von Manfred Jurgensen. Stuttgart: Klett, 1982. (Editionen für den Literaturunterricht.) [Zit. als: Materialien.]

Schmitz, Walter: Max Frisch, *Homo faber*. Materialien, Kommentar. München: Hanser, 1977.

Müller-Salget, Klaus: Erläuterungen und Dokumente. Max Frisch, *Homo faber*. Stuttgart: Reclam, 1987.

3. Interpretationen

a) Monographien

Balle, Martin: Sich selbst schreiben. Literatur als Psychoanalyse. Annäherung an Max Frischs Romane *Stiller*, *Homo faber* und *Mein Name sei Gantenbein* aus psychoanalytischer Sicht. Diss. München 1994.

Chien, Chieh: Das Frauenbild in den Romanen *Stiller* und *Homo faber* von Max Frisch im Lichte der analytischen Psychologie C. G. Jungs. Diss. Frankfurt a. M. 1997. [Zu „Homo faber“: S. 183–242.]

Gühne-Engelmann, Kerstin: Die Thematik des versäumten Lebens im Prosawerk Max Frischs am Beispiel der Romane *Stiller*, *Homo faber* und *Mein Name sei Gantenbein*. Diss. Freiburg 1994.

Hege, Volker: Max Frisch. Mit Selbstzeugnissen und Bilddokumenten. Überarb. Neuausg. Reinbek bei Hamburg: Rowohlt, 1997.

Hurst, Matthias: Erzählsituationen in Literatur und Film. Ein Modell zur vergleichenden Analyse von literarischen Texten und filmischen Adaptionen. Diss. Heidelberg 1994.

Jurgensen, Manfred: Max Frisch. Die Romane. Bern: Francke, 1976. [Zu „Homo faber“: S. 101–176.]

Knapp, Gerhard P./Knapp, Mona: Max Frisch, *Homo faber*. Frankfurt a. M.: Diesterweg, 51995.

Leber, Manfred: Vom modernen Roman zur antiken Tragödie. Interpretation von Max Frischs *Homo faber*. Berlin: de Gruyter, 1990. (Quellen und Forschungen zur Sprach- und Kulturgeschichte der germanischen Völker. N. F. 93.)

Lubich, Frederik A.: Max Frisch. *Stiller*, *Homo faber* und *Mein Name sei Gantenbein*. München: Fink, 1990. [S. 41–81.]

Lüthi, Hans Jürg: Max Frisch. „Du sollst dir kein Bildnis machen". München: Fink, 1981. (UTB. 1085.) [Besonders S. 25–37.]

Meurer, Reinhard: Max Frisch, *Homo Faber*. Interpretation. 3., korr. Aufl. München: Oldenbourg, 1997. (Interpretationen für Schule und Studium.)

Petersen, Jürgen H.: Max Frisch. Stuttgart: Metzler, 1978. (Sammlung Metzler. 173.) [S. 129–139.]

Thomassen, Christa: Schreiben heißt sich selber lesen. Max Frischs Romane *Stiller* und *Homo faber*. Mainz: C.-P.-Verlag, 2001. (Denkanstöße zur Literatur. Bd. 1.) [S. 35–70.]

b) Sammelbände

Beckermann, Thomas (Hrsg.): Über Max Frisch. Frankfurt a. M.: Suhrkamp, 1971. (edition suhrkamp. 404.)

Schmitz, Walter (Hrsg.): Über Max Frisch II. Frankfurt a. M.: Suhrkamp, 31981. (edition suhrkamp. 852.)

Schmitz, Walter (Hrsg.): Frischs *Homo faber*. Frankfurt a. M.: Suhrkamp, 41991. (suhrkamp taschenbuch materialien. 2028.)

c) Aufsätze

Blair, Rhonda L.: *Homo faber*, „Homo ludens" und das Demeter-Kore-Motiv. In: Schmitz (Hrsg.), 1991. S. 142–170.

Buschmann, Matthias: Liebe und Tod. Eine Analyse von Max Frischs *Homo faber*. In: Literatur in Wissenschaft und Unterricht 28 (1995). H. 1. S. 3–21.

Friedl, Gerhard: Blindheit und Selbsterkenntnis. Gedanken zu einer Unterrichtseinheit über *König Oidipus* von Sophokles und Max Frischs *Homo faber*. In: Der Deutschunterricht 44 (1992). H. 3. S. 55–73.

Kaiser, Gerhard: Max Frischs *Homo faber*. In: Schmitz (Hrsg.), 1981. S. 266–280.

Klotz, Peter: Max Frisch, *Homo faber*. In: Jakob Lehmann (Hrsg.): Deutsche Romane von Grimmelshausen bis Walser. Bd. 2. Königstein/Ts.: Scriptor, 1982. S. 377–396.

Knapp, Mona: Moderner Ödipus oder blinder Anpasser? Anmerkungen zu *Homo faber* aus feministischer Sicht. In: Schmitz (Hrsg.), 1991. S. 188–207.

Latta, Alan D.: Die Verwandlung des Lebens in eine Allegorie. Eine Lektüre von Max Frischs Roman *Homo faber*. In: Schmitz (Hrsg.), 1991. S. 79–100.

Lenzen, Barbara: Homo faber – einmal ganz anders. Anmerkungen zum Bild der Frau in Max Frischs Roman. In: Der Deutschunterricht 38 (1986). H. 5. S. 23–34.

Müller-Salget, Klaus: Max Frisch: *Homo faber. Ein Bericht.* In: Interpretationen: Romane des 20. Jahrhunderts. Bd. 2. Stuttgart: Reclam, 1993. S. 95–119. (Reclams Universal-Bibliothek. 8809.)
Näf, Anton: Grammatik und Textinterpretation – am Beispiel von *Homo faber.* In: Der Deutschunterricht 48 (1996). H. 6. S. 44–60.
Pütz, Peter: Das Übliche und das Plötzliche. Über Technik und Zufall in *Homo faber.* In: Schmitz (Hrsg.), 1991. S. 133–141.
Roisch, Ursula: Max Frischs Auffassung vom Einfluß der Technik auf den Menschen – nachgewiesen am Roman *Homo faber.* S. 77–109. In: Beckermann (Hrsg.), 1971. S. 77–109.
Schmitz, Walter: Max Frischs Roman *Homo faber.* Eine Interpretation. In: Schmitz (Hrsg.), 1991. S. 208–239.
Viehoff, Reinhold: Max Frisch für die Schule. In: Der Deutschunterricht 36 (1984). H. 6. S. 70–83.

4. Verfilmung

Homo faber. Nach dem gleichnamigen Roman von Max Frisch. Deutschland/ Frankreich/Griechenland 1990/91. 111 Minuten. Regie: Volker Schlöndorff. – Mit Sam Shepard, Julie Delpy, Barbara Sukowa u. a. [Keine Aktualisierung, Rekonstruktion der 1950er-Jahre. Nuancierte Darstellung Fabers durch Shepard.]

Stichwortverzeichnis

A

Amerikabild, -kritik 76, 100
Avignon 22 ff., 63 f.
Akrokorinth 25 f., 87, 95
Athen 24 f., 27, 46, 62, 72, 94, 113

B

Bild(nis)problem 51 - 60, 80 ff., 94, 102 ff., 104, 108 f., 115

C

Caracas 10, 16, 27 ff., 35, 62, 64, 71 f., 78
Cuba 27 ff., 73 - 76, 87, 93, 96, 105 f., 132 ff.

D

Dschungel 13 ff., 59, 118

E

Erzählperspektive 43 - 47, 122 ff.
Erzählweise 34 - 42, 112 ff., 137 ff.

F

Faber, Walter
- Selbstbild: 20, 51 - 55, 61 f., 71, 78 - 85, 85 ff., 116
- Menschenbild: 30, 74 f.,
- Frauenbild: 20, 55 f., 63, 116
- Weltbild: 57 - 71, 117, 122
- Identitätskrise: 61 f., 72 f., , 79 f.
- Krankheit: 8, 10 f., 14, 28, 30 f., 70 f., 76, 94
- Beziehung zu Hanna in der Vergangenheit: 7, 14 f., 65 f., 125 f.
- Beziehung zu Hanna in der Gegenwart: 24 - 27, 66 f., 125 f.
- Beziehung zu Sabeth: 8, 18 - 26, 61 - 65, 69, 81, 129 ff.
- Fehlverhalten/Schuld: 43, 47, 61, 70, 71, 80 ff.

Filmen, Foto 12, 16 f., 17, 30, 94
Filme mit Sabeth 30, 77
Fügung/Schicksal 12, 18, 69,

H

Hanna Landsberg
- Lebensgeschichte: 7f., 13 ff., 23, 26, 32, 66
- Beziehung zu Faber: 13, 25, 33, 66 ff.s
- Deutung von Fabers Leben: 78 f.
- Beziehung zu Sabeth: 22 f., 33, 66 f.
- Fehlverhalten: 81 f.

Hencke, Herbert 12 f., 29 f., 45, 68, 89
Hencke, Joachim 7 f., 12 f., 14 ff., 26, 32 f., 37

I

Ivy 10, 13, 16 f., 20, 56 ff., 65

K

Kunst 18, 23, 60 f., 95, 101

M

Marcel, Mayas 14 ff., 60, 92
Motive, Symbole 21 f., 88, 119
- Identität, Tod: 94
- Schauplätze: 95 f.

Mystik 58, 60, 107, 109, 116 122 ff.
Mythologie 15
mythologische Bezüge 96 - 98

N

Natur 11 ff., 16 f., 59 f., 73, 77, 118
New York 10 f., 16 f., 27, 72, 94

P

Palenque 14, 29, 94
Paris 21, 63, 92
Professor O. 21, 31, 94

R

Romananfang 89 f.

S

Sabeth (Elisabeth)
- Begegnung: 8, 18 f.
- Wiedersehen in Paris, Reise: 21 - 25, 63 - 66
- Tod: 8, 12, 25 ff., 45, 64, 69, 72

Schicksal/Fügung 12, 18, 69
Spiegelmotiv 92, 93, 137
Sexualität 20, 51, 75, 118
Sprache
- Rollensprache: 82 ff.
- Verdrängung: 84 f.
- Gefühl: 86 f.

T

Technik(er) 12, 31, 53 f., 60, 68, 116
Technikdiskussion 99
Textsorten 48 ff.
Titel 55
Todessymbolik 88, 94, 137

U

üblich 11, 57, 60, 63, 67, 70, 89, 117

W

Wüste 8, 12 f., 58, 118, 138

Z

Zeitverhältnisse 34 - 50
„Zufall", das „Plötzliche" 12 f., 15 f., 60, 67 - 70